Zur Bedeutung staatlicher Selbstbindung in der Umweltpolitik

Europäische Hochschulschriften
Publications Universitaires Européennes
European University Studies

**Reihe V**
**Volks- und Betriebswirtschaft**

Série V Series V
Sciences économiques, gestion d'entreprise
Economics and Management

**Bd./Vol. 2941**

PETER LANG
Frankfurt am Main · Berlin · Bern · Bruxelles · New York · Oxford · Wien

Christian Menzel

# Zur Bedeutung staatlicher Selbstbindung in der Umweltpolitik

PETER LANG
Europäischer Verlag der Wissenschaften

**Bibliografische Information Der Deutschen Bibliothek**
Die Deutsche Bibliothek verzeichnet diese Publikation in der Deutschen Nationalbibliografie; detaillierte bibliografische Daten sind im Internet über <http://dnb.ddb.de> abrufbar.

ISSN 0531-7339
ISBN 3-631-39765-8



www.peterlang.de

*Für meine Eltern*

## Vorwort

Diese Arbeit entstand während meiner Tätigkeit als wissenschaftlicher Mitarbeiter an der Europa-Universität Viadrina in Frankfurt(Oder). Nachdem ich mich selbst gebunden hatte, die Arbeit erfolgreich zu vollenden, haben mir jedoch zahlreiche Wegbegleiter geholfen, dieses *commitment* letztendlich einhalten zu können. Zu allererst gilt mein Dank meinem Doktorvater Wolfgang Peters der mich durch unzählige hilfreiche Kommentare und nützliche Ratschläge zu allen Bereichen meiner Arbeit unterstützte. Darüber hinaus trugen Bemerkungen und Anregungen von Friedel Bolle, Kristof Dascher, Alexander Haupt und Helmut Seitz sowie Teilnehmern von diversen Seminaren und Konferenzen nicht unwesentlich zum Gelingen dieser Arbeit bei. Mein Dank gilt, abgesehen von den bereits genannten, allen Freunden und Bekannten, die mich auch in Zeiten höherer Belastungen ertrugen und mich dadurch immer wieder zu neuer Schaffenskraft animierten. Nicht zuletzt verdanke ich den Erfolg dieser Arbeit meinen Eltern, die mir nicht nur die schulische und universitäre Ausbildung ermöglichten sondern mir auch die Freiheit gaben, meinen selbst gewählten persönlichen, akademischen und beruflichen Weg zu gehen und mich dabei stets mit all ihren Kräften begleiteten und unterstützen.

# Inhaltsverzeichnis

# 1 Einleitung

## 1.1 Von Pigou zur strategischen Handelspolitik

Mit einer zunehmenden Bedrohung der Ökosysteme durch eine verstärkte Industrialisierung der Weltwirtschaft wächst auch die Bedeutung geeigneter umweltverbessernder Maßnahmen. Gerade auch die Bedrohung unseres Planeten durch eine sich abzeichnende Klimaveränderung und dem damit verbundenen Treibhauseffekt veranlassen immer mehr Staaten, sich mit einer aktiven Umweltpolitik zu beschäftigen. So haben sich z.B. im Jahre 1997 in einem gemeinsamen Kraftakt viele Länder durch Unterzeichnung des Kyoto Protokolls[1] zur Einhaltung eines in diesem Protokoll festgelegten Emissionsniveaus von so genannten Treibhausgasen verpflichtet. Auf einer weiterführenden Konferenz in Bonn wurde im Jahr 2001 eine etwas abgeschwächte Version des Protokolls bei Enthaltung der USA verabschiedet, die als Vorbereitung zur Ratifizierung durch die Parlamente der beteiligten Staaten gelten soll. Ziel der Staatengemeinschaft ist es hierbei, das Kyoto Protokoll bis zur Weltkonferenz für Nachhaltigkeit im September 2002 in Johannesburg in Kraft treten zu lassen[2].

Auch in anderen Bereichen stellen umweltschädigende Aktivitäten eine zunehmende Belastung der Menschen dar. Zu hohe Umweltbelastungen werden dabei häufig als das nicht effiziente Ergebnis eines in Umweltfragen versagenden Marktes gesehen. Dies beruht zum einen auf der Nichtexistenz eines Marktes für das Gut Umwelt, sowie einer nicht vorhandenen intergenerationalen Nachfrage. Weder hat das Gut saubere Umwelt einen Preis, noch muss die heutige Generation die in der Zukunft auftretenden Kosten der Umweltverschmutzung tragen, selbst wenn diese bekannt wären. Mit staatlichem Eingreifen soll diesem Versagen des Marktes begegnet werden.

Dem Staat stehen diverse Möglichkeiten zu umweltpolitischem Handeln zur

---

[1] Das Protokoll wurde am 11. Dezember 1997 in Kyoto, Japan, verabschiedet und bis Juli 2002 von 84 Staaten unterzeichnet. Eine Ratifizierung bzw. Umsetzung des Protokolls erfolgte allerdings erst in 76 Ländern. Für einen Überblick siehe auch UNFCC (2002).

[2] Hierzu bedarf es einer Ratifizierung, Anerkennung oder Umsetzung des Protokolls durch mindestens 55 Vertragsparteien mit der zusätzlichen Auflage, dass unter diesen Staaten auch genügend Industriestaaten sind (jene in Annex I der Klimakonvention aufgelisteten Nationen), auf die wenigstens 55 % der gesamten $CO_2$-Emissionen der Annex I Staaten im Jahr 1990 entfallen. Bis Juli 2002 wurde hiervon ein Anteil von 36% erreicht. Für einen aktuellen Überblick siehe auch UNFCC (2002). In Deutschland wurde das Ratifizierungsverfahren am 26. April 2002 erfolgreich abgeschlossen.

Verfügung. Umweltauflagen sind hierbei immer noch das in der Praxis am weitesten verbreitete umweltpolitische Instrument. Sie werden jedoch mangels ökologischer sowie ökonomischer Effizienz auch als das schlechteste betrachtet[3]. Gerade die OECD hat in diesem Zusammenhang immer wieder auf die Vorzüge ökonomischer Instrumente, wie z.B. Umweltsteuern hingewiesen.

*„Die Länder ... sollen unter Berücksichtigung der nationalen sozioökonomischen Bedingungen in stärkerem Maße und konsequenter auf ökonomische Instrumente in Ergänzung oder an Stelle anderer Politikinstrumente – wie Regulierungen – zurückgreifen."(OECD, 1997)*

Der Gedanke, Umweltexternalitäten durch eine adäquate Steuerpolitik zu internalisieren geht dabei unter anderem auf die Arbeiten A.C. Pigous zurück, der bereits im Jahre 1920 die später nach ihm benannte Pigousteuer als geeignetes ökonomisches Instrument vorschlug. Wird dem Verursacher eines Umweltschadens eine Steuer in Höhe des Grenzschadens im angestrebten allokativen Optimum auferlegt, so wird dieser genau die, der Pareto optimalen Menge entsprechende Produktion realisieren.

Die Grundidee geht davon aus, dem Umweltgut einen Preis aufzuerlegen, der neben den privaten auch die sozialen Kosten berücksichtigt. Einzige Aufgabe einer Umweltsteuer im Sinne Pigous ist hierbei eine Lenkungswirkung der Steuer über den Preismechanismus. Eine Verteuerung des Umweltgutes würde die Nachfrage nach demselben reduzieren und so einer übermäßigen Nutzung entgegenwirken. Der optimale Steuerbetrag, d.h. der Steuersatz, der den Schaden vollständig internalisiert, entspricht dabei dem Grenzumweltschaden. Zunächst wurde dem mit der Pigousteuer erzielten Umweltsteueraufkommen keine Bedeutung beigemessen und implizit eine *lump sum* Ausschüttung unterstellt, um weitere Wohlfahrtseffekte auszuschließen.

Erst Mitte der achtziger Jahre rückte die Frage nach der Verwendung des Aufkommens in den Mittelpunkt umweltpolitischer Diskussionen. Auch unter dem Gesichtspunkt einer geringen politischen Akzeptanz von umweltorientierten Steuern in der Bevölkerung entstand die Idee, das Steueraufkommen gezielt einzusetzen um hierdurch weitere Wohlfahrtsgewinne zu erzielen[4]. Durch die

---

3 Vergleiche hierzu auch Menzel und Peters (2001).

4 In Deutschland hatte die nach dem Regierungswechsel von 1998 neu an die Macht gekommene Regierung erhebliche Akzeptanzprobleme, als sie eine so genannte ökologische Steuerreform erstmals auf den Weg brachte. In anderen Ländern gab es hierzu deutlich geringeren Widerstand innerhalb der Bevölkerung. Vorreiter beim Umbau des Steuersystems unter ökologischen Gesichtspunkten waren die skandinavischen Länder sowie die Niederlande. Finnland führte 1990 als erstes Land eine kohlenstoff-

Einführung von Umweltsteuern und dem damit erzielten Steueraufkommen können andere Produktionsfaktoren steuerlich entlastet und vorhandene Verzerrungen beseitigt werden[5]. Neben der ökologischen Wirkung kann die Steuer die Wohlfahrt durch eine Reduktion von *excess burden* des existierenden Steuersystems zusätzlich steigern.

Die Idee einer Ökologisierung des Steuersystems war es also, zwei Fliegen mit einer Klappe zu schlagen und so eine ‚doppelte Dividende' zu erzielen. Die Frage der Gültigkeit der Hypothese der doppelten Dividende wurde in der Literatur ausgiebig diskutiert[6]. Breite Zustimmung hierbei findet die Aussage, dass eine gezielte Verwendung des Umweltsteueraufkommens grundsätzlich zu zusätzlichen Wohlfahrtssteigerungen führt. In welchem Umfang diese jedoch zu bewerten sind, ist nach wie vor stark umstritten[7]. In der Literatur zur ökologischen Steuerreform werden im Wesentlichen zwei unterschiedliche Varianten der doppelten Dividende, nämlich zum einen die schwache und zum anderen die starke Form einer solchen Reform diskutiert. Diese wurden unter anderen von Goulder (1995) artikuliert.

Unter der schwachen Form der doppelten Dividende versteht man hierbei einen Vergleich zwischen einer ökologischen Steuerreform und anderen umweltrelevanten Politikinstrumenten. Es wird somit ein bestimmtes umweltpolitisches Ziel vorgegeben und die Wirkungsweise verschiedener Instrumente zum Erreichen dieses Zieles untersucht. In der ökonomischen Analyse wird lediglich verglichen, welches der bessere, d.h. möglichst effiziente Weg ist, um den gewünschten Effekt zu erreichen. Das Erzielen einer schwachen doppelten Dividende bedeutet hierbei, dass Ökosteuern unter Effizienzgesichtspunkten anderen Instrumenten, die kein Steueraufkommen erzielen, bzw. deren Aufkommen pauschal via *lump sum* Transfers zurückerstattet wird, überlegen sind. Im Gegensatz zu Auflagen oder (kostenlos verteilten) Emissionsrechten wird bei Umweltsteuern ein Aufkommen erzielt, das man wieder an die Steuerzahler, durch Senkung anderer, verzerrender Steuern, zurückgeben kann um Faktoren zu entlasten, deren Konsum, im Gegensatz zum Konsum des Gutes Umwelt, politisch gewollt ist. Hierbei können zusätzliche Wohlfahrtsgewinne erzielt werden.

---

bezogene Ökosteuer ein.

5 In der politischen Diskussion wird zumeist eine Entlastung des Faktors Arbeit gefordert, dessen starke steuerliche Belastung als Hauptverantwortliche der hohen Arbeitslosigkeit gesehen wird.

6 Vergleiche hierzu z.B. Lee und Misiolek (1986), Schöb (1995), Bovenberg und de Mooij (1994) oder Goulder (1995). Für einen aktuellen Überblick siehe auch Menzel (2001b) sowie de Moij (2000).

7 Vergleiche hierzu auch Bovenberg (1999) sowie de Mooij (2000).

Während die schwache Form nur auf einen Vergleich verschiedener Politikvarianten abzielt, fordert die starke Form der doppelten Dividende einen positiven Wohlfahrtseffekt, allein durch Umschichtung der Steuer von anderen Faktoren hin zum Faktor Umwelt. Es wird also behauptet, dass eine derartige Ökologisierung der Steuersysteme, unabhängig von Effekten auf die Umwelt, allein durch Entlastung anderer Faktoren, bereits zu Wohlfahrtssteigerungen führen könne. Während die schwache Form der doppelten Dividende in ihrem ökonomischen Auftreten wenig umstritten ist, wurde und wird diese starke Form der Dividende in hohem Maße angezweifelt.

Die Analyse von Umweltsteuern im Pigou'schen Sinne, mit oder ohne Berücksichtigung der Aufkommensverwendung, basierte zunächst ausschließlich auf einem Markt, der den Verhältnissen bei vollkommener Konkurrenz entspricht. Später wurde der optimale Steuersatz bei Berücksichtigung eines unvollkommenen Marktgeschehens um eine strategische Komponente erweitert. Mit Hilfe dieser strategischen Komponente kann versucht werden, Marktunvollkommenheiten auszugleichen, wobei der Term dieser Komponente jeweils von der vorliegenden Marktstruktur abhängt. Einen Überblick gibt Ebert (1991), der bei der Ermittlung der optimalen Pigousteuer verschiedene Formen eines Oligopols sowie verschiedene Vermeidungstechnologien unterscheidet[8].

Ein weiterer Aspekt muss bei der Bestimmung des optimalen Umweltsteuerniveaus berücksichtigt werden, sobald man von einer geschlossenen Volkswirtschaft auf einen offenen Markt übergeht. Hier kommt eine dritte Komponente mit ins Spiel, die das Marktgeschehen bei Freihandel abbildet. Eine geschickt gewählte Umweltsteuer kann die Konkurrenzfähigkeit heimischer Unternehmen im internationalen Wettbewerb stärken. Dabei verfolgt die „Umweltpolitik" nicht mehr ausschließlich ökologische Ziele, sondern dient als weiteres staatliches Instrument dem Ziel der Wohlfahrtsmaximierung[9].

Sind dem Staat sämtliche Informationen über die Marktteilnehmer, die Auswirkungen der Steuererhebung sowie die Effekte der Aufkommensverwendung bekannt, so kann er als Wohlfahrtsmaximierer das optimale Steuerniveau bestimmen. Entscheidend hierbei ist jedoch die Frage, in welcher zeitlichen Abfolge

[8] Conrad (1996a) wies darüber hinaus darauf hin, dass bei zwei Ursachen von Marktversagen (Umweltexternalitäten und unvollkommener Wettbewerb) ein einziges Politikinstrument nicht geeignet ist, beide Ursachen zu bekämpfen und analysierte eine zusätzliche Subventionierung von Vermeidungsanstrengungen in Ergänzung einer Umweltsteuer.

[9] Ein allgemeiner Überblick über internationale Aspekte der Umweltpolitik findet sich bei Althammer (1998).

die Entscheidungen der einzelnen Akteure getroffen werden. In herkömmlichen Ansätzen wird zunächst die staatliche Politik festgeschrieben und die restlichen Marktteilnehmer reagieren im Anschluss daran auf diese Politik, d.h. sie optimieren ihre Entscheidungen unter Kenntnis der Steuersätze. Dies beinhaltet die Garantie, dass eine Entscheidung über die Höhe der Steuerbelastung endgültig ist, sobald diese von staatlicher Seite getroffen wurde und somit die Annahme, dass sich der Staat verpflichtend an eine bestimmte Politik binden will und kann.

Diese getroffene Annahme ist von erheblicher Bedeutung für die umweltökonomischen Resultate. Ist die staatliche Zusage nicht bindend, so könnte die Regierung ihre Entscheidung nach der Reaktion der übrigen Akteure noch einmal überdenken. Stellt sie sich ex post als suboptimal heraus kann sie gegebenenfalls revidiert werden. Solche Zeitinkonsistenzen wiederum müssten von den übrigen Marktteilnehmern antizipiert und bei deren Entscheidung mitberücksichtigt werden.

## 1.2 Das Problem fehlender Selbstbindung

In traditionellen Ansätzen ökonomischer Analysen und Untersuchungen wird der Staat, das neben Unternehmen und Haushalten agierende Wirtschaftssubjekt, zumeist als omnipotenter Marktteilnehmer betrachtet. Entsprechend ihrem jeweiligen Informationsstand implementieren Regierungen die Politik, die ihre Ziele maximiert. Ist diese Politik einmal angekündigt so können sich alle übrigen Akteure an den staatlichen Vorgaben orientieren und demgemäß ihre eigenen Entscheidungen optimal anpassen.

Im Rahmen der Wirtschafts- bzw. Industriepolitik einer Regierung ist diese staatliche Ankündigung, wie vorab bereits erwähnt, zum einen für die Unternehmen von Interesse, die am heimischen Markt tätig sind. Zum anderen müssen aber auch andere Länder, bzw. deren Regierungen, die Politik der Nachbarstaaten bei ihren eigenen Politikentscheidungen berücksichtigen, sobald es irgendeine Art von Interdependenz zwischen den jeweiligen Ländern gibt. Dies wird auch als strategisches Verhalten bezeichnet[10].

Sowohl für die Unternehmen als auch für das Ausland spielt hierbei die Frage der Glaubwürdigkeit einer bestimmten Politikankündigung eine entscheidende

[10] Eine strategische Beziehung zwischen zwei Akteuren besteht dann, wenn die Entscheidung des einen den *pay off* des anderen beeinflusst und dies den Beteiligten bewusst ist. Vergleiche hierzu auch Brander (1995).

Rolle. Kann sich ein Unternehmen, das in einem Land investieren möchte, darauf verlassen, dass die versprochene Politik auch tatsächlich umgesetzt wird? Oder muss es damit rechnen, dass der Staat seine Meinung jederzeit revidieren kann? Hierbei ist entscheidend, ob die angekündigte Politik eventuelle Zeitinkonsistenzen aufweist. Eine Entscheidung bezeichnet man als zeitinkonsistent, wenn sie zu dem Zeitpunkt, zu dem sie getroffen wird, optimal ist, nach einem bestimmten zeitlichen Verlauf jedoch suboptimal wird und revidiert werden sollte. Ein Abweichen der optimalen Politik von der ursprünglich geplanten über einen bestimmten Zeitraum kann auf zusätzliche Informationen zurückzuführen sein, die zum Zeitpunkt der Planung noch nicht zur Verfügung standen und deswegen unberücksichtigt blieben. Ebenso können andere Marktteilnehmer nach einer gewissen Zeitspanne bereits Entscheidungen getroffen haben, die sie nicht mehr rückgängig machen können. Dies bietet dem staatlichen Planer zu jedem Zeitpunkt eine neue Auswahl an Entscheidungsmöglichkeiten.

Hat ein Unternehmen z.B. in einem Land eine größere Investition und somit erhebliche Kosten unwiderruflich getätigt, so könnte der Staat durchaus ein Interesse daran haben, seine Politik noch einmal neu zu überdenken. Da die Kosten nach der Investition *sunk* sind, befindet sich die Regierung in einer stärkeren Machtposition, die sie (aus-)nutzen kann. Das Unternehmen kann den Standort nur unter erheblichen Kosten wieder verlassen.

All diese Eventualitäten bedeuten für den Unternehmer ein enormes Investitionsrisiko, das er in seinen Überlegungen mit berücksichtigen muss. Es ist nahe liegend, dass seine Investitionsentscheidung für den Fall, dass eine staatliche Politik nicht glaubhaft ist, anders ausfallen wird, als wenn er sich auf staatliche Ankündigungen verlassen kann. Dies ist auf die veränderten Machtverhältnisse zwischen Staat und Unternehmen zurückzuführen. Ausdruck dieser Macht ist hierbei vor allem die zeitliche Struktur des Entscheidungsprozesses. Können die Unternehmen auf staatliche Vorgaben reagieren, so implementiert der Staat eine bestimmte Politik, woraufhin die Unternehmen ihre Entscheidungen dieser staatlichen Politik auf der nachgelagerten Stufe anpassen. Ist die staatliche Politik nun verbindlich, so ist die letzte Entscheidungsstufe die der Unternehmen selbst. Hat der Staat aber die Möglichkeit, seine Entscheidung kurzfristig, nach Bestimmung der unternehmerischen Variablen, zu revidieren, so kommt eine weitere Stufe ins Spiel, auf der die Regierung ihre Anfangsentscheidung nochmals überdenken kann. Die Möglichkeit, sich an eine einmal getroffene

Entscheidung binden zu können, wird auch als *commitment*[11] bezeichnet.

Obwohl das Problem eines fehlenden *commitment* staatlicherseits gegenüber dem eigenen Land bei vorliegenden Zeitinkonsistenzen in einigen Bereichen der Ökonomie, wie z.B. der Geld- oder Fiskalpolitik, hinlänglich bekannt ist, wird auf anderen Gebieten, wie der Handels- und Umweltpolitik, zumeist angenommen, dass die Möglichkeit zu ausreichenden staatlichen Bindungsmöglichkeiten gegeben ist, ohne dies im Einzelnen näher zu rechtfertigen. Aufgrund der Bedeutung dieser Annahme für die jeweils erzielten Resultate ist es durchaus von Interesse, deren tatsächliche Plausibilität zu prüfen und zu analysieren, wie sich ein Aufheben dieser Annahme auswirkt. Bei näherer Betrachtung wird hierbei sehr schnell ersichtlich, dass nur in den seltensten Fällen die Voraussetzung eines hundertprozentigen *commitment* von politischen Entscheidungsträgern gewährleistet werden kann. Da es kaum „überstaatliche" Autoritäten gibt, die Regierungen zum Einhalten ihrer politischen Versprechen zwingen können, müssen durchaus auch Situationen in Betracht gezogen werden, in denen Regierungen von ihrer ursprünglich angekündigten Politik abweichen.

Diese Problematik wurde neben Fragen der Fiskalpolitik[12] bisher vor allem in Fragen der Geldpolitik thematisiert. Fehlende Selbstbindungsmechanismen staatlicherseits werden oftmals als Gründe für Inflationsgefahren ins Spiel gebracht[13]. Hierbei wird davon ausgegangen, dass die staatliche Autorität über eine entsprechende Geldpolitik direkt auf die Inflation einwirken kann, während der private Sektor seine Entscheidungsvariablen (z.B. Lohnverhandlungen) mit Hilfe von Erwartungen bestimmen muss. Durch geschickte Vorgaben des Staates und einer Änderung ihrer Politikentscheidung im Laufe der Zeit kann die Regierung ihre Zielgrößen wie Produktion oder Beschäftigung positiv beeinflussen. Rationale Individuen antizipieren diese Täuschung und jeglicher Vorteil aus der anfänglichen Ankündigung einer optimalen Politik geht wieder verloren. Es ist zu erwarten, dass dieser fehlende staatliche Bindungsmechanismus zu Wohlfahrtsverlusten führt. Vor allem Barro und Gordon (1983) haben neben anderen darauf hingewiesen, wie wichtig es ist, die politischen Entscheidungsträger an ihre Entscheidungen binden zu können.

Es besteht jedoch von Seiten des Staates nicht nur gegenüber dem privaten Sektor, sondern auch gegenüber weiteren Beteiligten des internationalen „Markt-

---

11 Aus dem englischen: „*commitment*" = „Verbindliche Verpflichtung".

12 Für einen allgemeinen Überblick hierzu siehe Buchholz und Wiegard (1998).

13 Vergleiche hierzu Sachs und Larrain (1995), Berlemann (1999) oder Albanesi et al. (2001).

spieles" ein Glaubwürdigkeitsproblem, nämlich gegenüber anderen Staaten. Gerade im Zeitalter einer zunehmenden Globalisierung sind die Märkte immer stärker miteinander verflochten. Die eigenständige Politik eines Landes, ohne Berücksichtigung des Verhaltens anderer Länder, kann nicht mehr von Erfolg gekrönt sein. Um eine optimale Politikentscheidung treffen zu können müssen die Entscheidungen der übrigen Beteiligten bekannt sein. Es stellt sich auch hier die Frage, welche Politik das Nachbarland implementieren wird. Kann man der Ankündigung eines Staates Glauben schenken und seine eigene Politik danach ausrichten? Oder muss man damit rechnen, dass der Mitstreiter seine Politik verändert, sobald man selbst eine Entscheidung getroffen hat? Kann sich ein Land für den Fall, dass seine Politik Zeitinkonsistenzen aufweist, überhaupt an eine bestimmte Politikstrategie binden und den anderen Staaten damit glaubhaft versichern, dass diese Strategie unter allen Umständen beibehalten wird, auch wenn dies ex post suboptimal ist?

Diese Annahme eines vollkommenen staatlichen *commitment* ist zwingende Voraussetzung in der herkömmlichen Literatur zur Industrie- bzw. Handelspolitik. Dort nämlich übernimmt der Staat ein *commitment* für die heimische Industrie, das diese nicht in der Lage ist selbst zu treffen. Der Staat, als Ersatz für eine fehlende Selbstbindung der Unternehmen, kann jedoch nur so lange erfolgreich sein, wie sichergestellt ist, dass die Regierung selbst überhaupt zu einem *commitment* fähig ist. Vor allem auf die Unvollkommenheit der Märkte ist es dabei zurückzuführen, dass die Unternehmen durch fehlende Selbstbindungsmöglichkeiten in ineffizienten Gleichgewichten landen.

Stehen Unternehmen im internationalen Wettbewerb, und ist dieser nicht vollkommen, so haben die einzelnen Unternehmen Anreize zu strategischem Verhalten[14]. Die eigene Entscheidung beeinflusst die Entscheidung des Gegenübers und umgekehrt. Jedes Unternehmen hat dabei ein Interesse, sich an eine Strategie zu binden, die bei Kenntnis der Reaktion des anderen die eigene Marktposition stärkt und den eigenen Gewinn maximiert. Im freien Wechselspiel der Kräfte enden die Beteiligten jedoch zumeist in einem suboptimalen Nash-Gleichgewicht, aus dem sie sich nicht selbständig befreien können. Sie haben keine Möglichkeit, sich an eine abweichende Strategie zu binden, die nicht der des Nash-Ergebnisses

---

[14] Bei vollkommenem Wettbewerb wie auch in einem reinen Monopol haben die beteiligten Akteure keinen Anreiz zu strategischem Verhalten. Im ersten Fall hat die Entscheidung eines Einzelnen keinen Einfluss auf die anderen, im zweiten Fall ist nur ein einzelner Akteur tätig. Sobald allerdings die Möglichkeit zu Markteintritten anderer Unternehmen besteht, eröffnen sich auch für einen Monopolisten Möglichkeiten zu Profitsteigerungen durch strategisches Verhalten.

entspricht. Ziel handelspolitischer Maßnahmen ist es, die fehlende Selbstbindung der Unternehmen an diese gewinnbringenden Strategien durch eine geeignete Politik zu ersetzen. Es ist das Interesse der Regierungen, die Beziehungen zwischen heimischer und ausländischer Industrie so zu beeinflussen, dass sich die Marktposition der heimischen Unternehmen verbessert. Der Staat zwingt dabei Unternehmen zu Entscheidungen, die nicht identisch den Entscheidungen bei freiem Spiel der Marktkräfte sind. Er übernimmt also das *commitment* für die Unternehmen.

Die Möglichkeiten zur Implementierung derartiger strategischer handelspolitischer Maßnahmen gingen im Laufe der Zeit jedoch stark zurück. Durch zahlreiche internationale Verträge und Abkommen wurden protektionistische Politikinstrumente für die meisten Regierungen immer weniger verfügbar. Das Interesse der einzelnen Staaten, die eigene Wirtschaft zu begünstigen blieb jedoch erhalten, und so war beobachtbar, wie die Länder versuchten, handelspolitische Ziele auf anderen Wegen zu erreichen.

Gerade mit einer Verschärfung der weltweiten Umweltproblematik schienen sich umweltpolitische Instrumente bestens dafür zu eignen, auch handelspolitische Ziele zu erreichen. Unter dem Deckmantel des Umweltschutzes wird so versteckter Protektionismus betrieben. Entsprechend der Maßnahmen herkömmlicher Handelspolitik können Regierungen versuchen, durch geeignete umweltpolitische Maßnahmen Unternehmen an eine bestimmte Strategie zu binden und so ein geeignetes *commitment* für diese zu übernehmen. Sowohl in der traditionellen Handelspolitik, als auch in dieser so genannten strategischen Umweltpolitik ist es allerdings Voraussetzung, dass die staatliche Politik selbst glaubhaft ist. Nur wenn der Staat mächtig genug ist, sich an seine Ankündigung glaubhaft zu binden, kann eine derartige Politikstrategie erfolgreich sein. Fehlen Selbstbindungsmechanismen staatlicherseits, so befinden sich die Regierungen selbst in einer durch fehlendes *commitment* verursachten Falle, ähnlich derer der Unternehmen.

Im Wesentlichen sind also drei Fälle mangelnder Selbstbindung zu unterscheiden. Zum einen gibt es das bekannte und in der Literatur hinreichend diskutierte Problem des fehlenden *commitment* zwischen den Unternehmen. Dies kann von Regierungen durch staatliches Eingreifen überwunden werden, was zu einem weiteren Problem dieser Art führt, nämlich dem zwischen den einzelnen Ländern. In diesen beiden Fällen stehen sich im Wettbewerb zwei gleichwertige Akteure gegenüber, die in die Falle eines fehlenden *commitment* geraten können.

Zum einen steht Unternehmen gegen Unternehmen und zum anderen Staat gegen Staat. Der dritte Fall ist der zuerst erwähnte, in dem sich Staaten gegenüber Unternehmen nicht an eine bestimmte Politik binden können. Hier verfügen die beteiligten Akteure, nämlich Unternehmen und Staat, über verschiedene Machtpositionen am Markt.

Die vorliegende Arbeit beschäftigt sich mit dem Problem des *commitment* in der Umweltpolitik. Es wird untersucht, welche Bedeutung ein *commitment* in traditionellen Ansätzen hat und wie dessen Fehlen die Ergebnisse ökonomischer Analysen verändert. Die Arbeit ist dabei wie folgt gegliedert:

Im nächsten Kapitel wird das Problem des fehlenden *commitment* zwischen Unternehmen dargestellt und die Lösungsmöglichkeiten mit Hilfe der strategischen Handels- bzw. Umweltpolitik diskutiert. Da dieses Problem in der Literatur hinlänglich thematisiert wurde reduziert sich die Darstellung im Wesentlichen auf einen Literaturüberblick zur strategischen Handels- bzw. Umweltpolitik. Hierbei wird im Speziellen darauf eingegangen, welche Rolle die Möglichkeit zu vollkommenem *commitment* spielt. Staatliches Eingreifen ersetzt das Fehlen von Bindungsmechanismen zwischen den Unternehmen. Voraussetzung hierfür ist aber die Möglichkeit, dass sich Staaten untereinander an eine bestimmte Politik binden können. Ist dies nicht der Fall, entsteht ein Problem zwischen den Ländern, was im dritten Kapitel behandelt wird. Eine Möglichkeit, diesen Mangel an staatlicher Selbstbindung zu beheben, besteht im Abschließen multinationaler Verträge. Diese erweisen sich jedoch mangels Stabilität oftmals als sehr brüchig. Es wird gezeigt, wie man darüber hinaus mit Hilfe von strategischen Delegationen dem Problem eines fehlenden *commitment* zumindest teilweise entkommen und welche Auswirkungen dies auf die einzelnen Akteure haben kann. Eine strategische Delegation von Entscheidungen im Politikspiel stellen z.B. demokratische Wahlen dar. Hier delegiert der Wähler seine Politikentscheidung an gewählte Politiker.

Die Verbindung der Entscheidungen zwischen Staat und Unternehmen wird im vierten Kapitel diskutiert. Unternehmen versuchen Strategien zu entwickeln, den Staat an bestimmte Umweltpolitiken zu binden. Eine Möglichkeit hierzu besteht im Errichten von Überschusskapazitäten. Umweltpolitik von Seiten des Staates kann unter diesen Umständen konterkariert werden und damit nicht nur nicht erfolgreich sein, sondern zusätzlich noch unnötig Ressourcen verschwenden. Die Ineffizienzen können sogar mit dem Grad der Bedeutung, die die Umwelt für eine Regierung hat, zunehmen. Unter Umständen ist staatliche Politik umso schädlicher für die Umwelt, je „grüner“ die Regierung ist. Im letzten Fall wird dabei explizit auf die Bedeutung des Umweltsteueraufkommens eingegangen. Es wird gezeigt, welche Rolle die Existenz einer „doppelten Dividende“ hierbei haben kann.

# 2 Fehlende Selbstbindung der Industrie

## 2.1 Traditionelle strategische Handelspolitik

In der herkömmlichen Literatur zur strategischen Handelspolitik wird untersucht, wie sich die optimale Politik eines Landes bei einer Öffnung auf den Weltmärkten gestaltet. Ansätze einer strategischen Handelspolitik beruhen dabei im Wesentlichen auf zwei unterschiedlichen Modelltypen, die verschiedene Marktsituationen als Grundlage benutzen.

Zum einen ist dies die Marktstruktur der monopolistischen Konkurrenz, die Handel aufgrund von zunehmenden Skalenerträgen und der Vorliebe der Konsumenten an einer Produktvielfalt der Güter begründet. Durch produktweise Spezialisierung und die daraus resultierende Weiterentwicklung inländischer sowie ausländischer Produkte trägt der Außenhandel zu einer Wohlfahrtssteigerung bei[15]. Der zweite Ansatz basiert auf der Unvollkommenheit der Märkte bei einem internationalen Oligopol und fehlender Kooperation der Beteiligten. Der Außenhandel verringert die Marktmacht der inländischen Anbieter und trägt dadurch zu Wohlfahrtssteigerungen bei.

In der vorliegenden Arbeit soll allein der zweite Modelltyp als Grundlage einer strategischen Handels- bzw. Umweltpolitik betrachtet werden. Dieser erlaubt es auch bei einer geringen Zahl von Teilnehmern (Duopol), die strategischen Anreize der Staaten einfach und anschaulich darzustellen. Für eine Analyse bei monopolistischer Konkurrenz siehe auch Haupt (2000a) sowie Haupt (2000b).

Zeichnet sich ein Markt durch Unvollkommenheit aus, so haben die einzelnen Staaten Anreize, sich auf diesem Markt protektionistisch zu verhalten. Ist der Handel durch oligopolistische Marktstrukturen bestimmt, so kann durch den richtigen Einsatz handelspolitischer Instrumente die Marktposition der einzelnen Ökonomien verbessert werden.

Brander und Spencer (1985) zeigten, wie gezielte Exportsubventionen die relative Marktmacht der heimischen Industrie verbessern können. Marktanteile können vergrößert und Profite erhöht werden. Die Idee besteht darin, dass eine Exportsubvention die Marktsituation der heimischen Industrie derart stärkt, dass die erzielten Gewinnsteigerungen die Höhe der staatlichen Transferzahlun-

---

15 Vergleiche hierzu Krugman (1979) und Krugman (1980).

gen übersteigen. Subventionszahlungen veranlassen die Unternehmen zu einem aggressiveren Auftreten auf dem Markt, d.h. die beste Antwort auf eine Strategie des Mitwettbewerbers fällt in dem Sinne aggressiver aus, dass die ausländischen Unternehmen „eingeschüchtert" werden und infolge dessen einen geringeren Output produzieren.

Dixit (1984) kommt zu einem ähnlichen Ergebnis, betont aber, dass dieses Ergebnis nur bis zu einer bestimmten Anzahl von am Markt aktiven Unternehmen robust ist. Eaton und Grossman (1986) erweitern die Untersuchungen auf unterschiedliche Wettbewerbsformen. So sind oben beschriebene Resultate bei vorliegendem Mengenwettbewerb (Cournot) effektiv, während bei Preiswettbewerb (Bertrand) genau das entgegengesetzte handelspolitische Instrument, also eine Steuer, von Vorteil zu sein scheint.

Annahme bei den erwähnten Untersuchungen sowie bei Analysen ähnlicher Fragestellungen war dabei stets die Möglichkeit, dass sich die Regierungen und somit die Staaten vollständig an eine bestimmte Politikstrategie binden können. Die Regierungen übernehmen hier ein *commitment* für die Unternehmen, das diese nicht in der Lage sind, selbst einzugehen. Ohne staatliche Eingriffe befinden sich die Unternehmen in einer Oligopolsituation, deren Ergebnis mangels Kooperationsmöglichkeiten in einem ineffizienten Nash-Gleichgewicht endet.

Durch geschickte Handelspolitik versucht die Regierung nun die heimische Industrie zu einem de facto Stackelberg-Führer zu machen. Nach Einführung der Handelspolitik treffen die inländischen Unternehmen aufgrund der veränderten Rahmenbedingungen eine andere Produktionsentscheidung als ohne staatlichen Eingriff. Sie revidieren ihre ursprüngliche Entscheidung und erreichen somit eine stärkere Marktposition. Das geeignete politische Instrument hierfür ist wiederum abhängig von der Ausgangssituation, also dem Nash-Gleichgewicht des Marktes ohne politische Intervention.

> *"... The choice between a tax and a subsidy in this case depends on whether home firm's output in the laissez-faire equilibrium exceeds or falls short of the level that would emerge under... Stackelberg conjectures... (...) Trade policy may raise domestic welfare if oligopolistic profits can be shifted to home country firms. Policies that achieve this profit shifting can work only if the government is able to set its policy in advance of firms' production decision, and if government policy commitments are credible..." (Eaton/Grossman (1986))*

Das Erzielen von Vorteilen durch den Einsatz handelspolitischer Instrumente beruht demnach vor allem auf der Annahme, dass die Regierungen eine politische Selbstverpflichtung eingehen können, und somit auf der Zugreihenfolge des handelspolitischen Spieles. Da die Handelspolitiken als Selbstbindungsmechanismus für die Unternehmen fungieren, erweisen sich diese als sinnlos, wenn sie nicht glaubwürdig sind[16]. Wenn man die Annahme der Glaubwürdigkeit von Politik aufrechterhält, so haben die einzelnen Länder große Anreize, handelspolitische Instrumente einzusetzen. Verhalten sich alle Länder derart, so landen diese letztendlich wiederum in einem Gefangenendilemma, dessen Ergebnis für alle beteiligten Akteure wenig wünschenswert ist.

Bieten z.B. die beteiligten Regierungen ihren jeweiligen Unternehmen bei vorliegendem Cournot-Wettbewerb Exportsubventionen an, so sind sie dadurch im Gleichgewicht schlechter gestellt, als ohne jegliche politische Interventionen. Trotzdem wird jeder einzelne Staat einen Anreiz haben, sich protektionistisch zu verhalten und nicht auf diese Möglichkeit verzichten wollen.

Um dieser Protektionismusfalle entgegenzutreten haben sich in den letzten Jahren zahlreiche Institutionen entwickelt. Durch internationale Vereinbarungen und Abkommen wurden wettbewerbsstörende Handelshemmnisse und insbesondere Zölle Schritt für Schritt reduziert. Vor allem durch die verschiedenen Handelsrunden des GATT sowie mit Gründung der WTO wurde die Wahl der handelspolitischen Instrumente im Laufe der Jahre immer begrenzter und die Möglichkeiten zu protektionistischem Verhalten für die beteiligten Länder geringer. Gleichzeitig entstanden weltweit Freihandelszonen die zu einer zunehmenden Integration nationaler Märkte führten.

Trotz all dieser Maßnahmen bleibt allerdings für das einzelne Land nach wie vor ein starkes Interesse bestehen, die Position der heimischen Wirtschaft am Weltmarkt einseitig zu verbessern, wenn nötig auch auf Kosten anderer.

Wenn traditionelle Instrumente wegen internationaler Verträge nicht mehr zur Verfügung stehen, könnte versucht werden, die gleichen Resultate durch geschicktes Umgehen von Vertragsregelungen zu erreichen. Gerade in den letzten Jahren, mit einem verstärkten Aufkommen des Umweltgedankens, wurden die Stimmen immer lauter, die behaupteten, einzelne Länder würden unter dem Deckmantel ökologisch bedingter Maßnahmen heimlich Handelspolitik betrei-

---

16 Goldberg (1995) zeigt allerdings, dass eine strategische Handelspolitik auch ohne *commitment* unter Umständen sinnvoll sein kann. Haben die Unternehmen Kapazitäten errichtet bevor die Handelspolitik wirksam wird, so kann z.B. eine Exportsubvention zu einer effizienten Auslastung der Kapazitäten beitragen.

ben. Besonders der Thunfisch-Delfin-Streit zwischen den USA und Mexiko[17] hat dieses Problem auch in den Mittelpunkt politischer Diskussionen gebracht. Stellt also Umweltpolitik eine neue Form von strategischer Handelspolitik dar?

## 2.2 Umweltpolitik als strategische Handelspolitik

Mit der Unterzeichnung des *General Agreement on Tariffs and Trade* (GATT) im Jahre 1947 in Wien begann eine Ära des Abbaus von Handelshemmnissen und Zöllen, die im Ergebnis zu einer Liberalisierung und Integration der Weltmärkte führen sollte. Im Laufe der Jahre wurden in verschiedenen Welthandelsrunden Barrieren für den Austausch von Waren und Dienstleistungen in großem Umfang abgeschafft. Dieser Abbau wurde letztendlich mit der Gründung der Welthandelsorganisation (WTO) im Jahre 1995 festgeschrieben. Mittlerweile umfasst die WTO, nach dem Beitritt und der Aufnahme Chinas am 11. Dezember 2001 und Taiwans am 1. Januar 2002 144 Mitglieder und zahlreiche Länder in Beobachter-Status, wie zum Beispiel Russland, deren Beitritt zum Teil unmittelbar bevorsteht. Damit sind für die meisten Länder traditionelle handelspolitische Instrumente wie Importzölle oder -quoten bzw. Exportsubventionen nur noch eingeschränkt zulässig. Eine Ausnahme hierbei bietet jedoch der Artikel XX des GATT- bzw. WTO-Regelwerks. Hierin werden Maßnahmen zugelassen, die dem Schutz des Lebens oder der Gesundheit von Menschen, Tieren oder Pflanzen dienen.

> *„...nothing in this Agreement shall be construed to prevent the adoption or enforcement by any contracting party of measures: (a) necessary to protect human, animal or plant life or health; ... (g) relating to the conversation of exhaustible natural resources if such measures are made effective in conjunction with restrictions on domestic production of consumption; ...“ (Artikel XX, WTO 1999)*

Auch haben außerhalb von GATT und WTO Fragen des Umweltschutzes Eingang in zahlreiche (über-)regionale Abkommen und Vereinbarungen erhalten[18].

Solche Maßnahmen, die von ihrer Idee her grundsätzlich zu begrüßen sind, bergen allerdings die Gefahr, dass sie von Regierungen zur Durchsetzung handelspolitischer Ziele missbraucht werden. Während originäre Umweltpolitik al-

---

[17] Die USA verhängten 1991 ein Importverbot für Thunfisch aus Mexiko, mit der Begründung, die mexikanischen Fischer verwendeten eine Fangmethode, die auch zur Tötung von Delfinen beiträgt und nicht den US-Standards entspräche. Für eine detaillierte Darstellung siehe z.B. Esty (1994), S. 30ff.

[18] Zu erwähnen sei hier vor allem die Europäische Union (EU) sowie die *North American Free Trade Area* (NAFTA). Vergleiche für eine Übersicht Uimonen und Whalley (1997).

lein auf die Internalisierung externer Effekte abzielt, kann das Ziel strategischer Umweltpolitik ganz andere Gründe haben. Durch strategischen Einsatz umweltpolitischer Instrumente können die Länder versuchen, die Konkurrenzfähigkeit inländischer Industrien auf den internationalen Märkten zu verbessern. Auf ihrem letzten Treffen in Katar im November 2001 wäre die Verständigung der Mitgliedsländer der WTO auf das Einläuten einer neuen Welthandelsrunde beinahe an der Frage der Aufnahme von Umweltfragen in die neuen Welthandelsgespräche gescheitert. Die Entwicklungsländer und insbesondere Indien fürchteten, dass die Europäische Union versuchen werde, Umweltstandards, zum Beispiel im Agrar- und Textilbereich, zu benutzen, um ihre Märkte vor Exporten anderer Länder zu schützen, die diesen Standards nicht entsprechen können.

Bei strategischer Anwendung wird das Niveau der Umweltpolitik nicht mehr im Pigou'schen Sinne allein zur Internalisierung der sozialen Kosten festgelegt, sondern es soll vielmehr die Wohlfahrt des Landes durch so genanntes *profit shifting* auf Kosten der Nachbarn erhöht werden. Das Niveau der Umweltpolitik wird um eine strategische Komponente erweitert, was sowohl zu einer zu laxen heimischen Umweltpolitik (Ökodumping) als auch zu übertriebenen ökologischen Maßnahmen (Öko-Protektionismus) führen kann. Im ökonomischen Kontext bedeutet hierbei eine zu laxe Umweltpolitik, dass die Grenzvermeidungskosten den Grenzschaden unterschreiten, während bei einer zu strengen Umweltpolitik die Grenzvermeidungskosten oberhalb des Grenzschadens liegen.[19]

Barrett (1994a) zeigte die Attraktivität eines Missbrauchs umweltpolitischer Maßnahmen, wenngleich diese unter Effizienzgesichtspunkten herkömmlichen handelspolitischen Instrumenten unterlegen sind[20]. Gleichzeitig machte er darauf aufmerksam, dass die jeweils erzielten Resultate nicht robust sind. Je nach Wettbewerbsform (Cournot versus Bertrand) oder nach Anzahl der am Markt tätigen Unternehmen können optimale Umweltpolitiken sehr unterschiedlich ausfallen[21].

Die gesamte Literatur zur (strategischen) Umweltpolitik[22] basiert hierbei je-

---

[19] Conrad (1993) zeigt, wie durch einen parallelen Einsatz von Umweltsteuern und Vermeidungssubventionen einerseits Ineffizienzen in der Allokation der natürlichen Ressourcen reduziert werden können und Subventionen andererseits dem Verlust von Marktanteilen im internationalen, unvollkommenen Wettbewerb vorbeugen. Da die Subventionen selbst ein erneutes Anheben der Umweltsteuer erforderlich machen, sind diese auch umweltpolitisch vertret- und durchsetzbar.

[20] Siehe hierzu auch Althammer und Buchholz (1995).

[21] Vergleiche hierzu auch Conrad (1996a) sowie Conrad (1996b)

[22] Vergleiche hierzu auch Althammer (1998).

doch auf den traditionellen Ansätzen der strategischen Handelspolitik und setzt somit die Möglichkeit zu vollkommener Selbstbindung der beteiligten Staaten voraus[23]. Speziell Barrett (1994a) bezieht sich bei seiner Untersuchung im Wesentlichen auf Spencer und Brander (1983) sowie Brander und Spencer (1985). Wie in deren Analyse zur strategischen Handelspolitik verpflichten die Regierungen durch den Einsatz umweltpolitischer Maßnahmen die Unternehmen zu bestimmten Produktionsniveaus, die nicht denen ohne politische Intervention entsprechen. Der Staat versucht, das Unternehmen in eine bessere Marktposition zu bringen, die das Unternehmen ohne staatlichen Eingriff nicht erreichen könnte. Die Unternehmen entscheiden stets nachrangig, d.h., nachdem sich der Staat auf eine bestimmte politische Position festgelegt hat. Somit übernimmt auch hier die Regierung eine Verpflichtung, die das Unternehmen von sich aus nicht in der Lage ist selbst zu übernehmen. Mangelnde Glaubwürdigkeit dieser staatlichen Verpflichtung würde es dem Staat gestatten, seine Meinung zu revidieren und würde den Marktvorteil wieder aufweichen. Strategisches Verhalten bliebe ohne Wirkung. Durch das handels- bzw. umweltpolitische Eingreifen des Staates wird der Mangel an Selbstbindung somit auf eine höhere Stufe verlagert.

Was aber, wenn die Staaten untereinander dem gleichen Problem gegenüberstehen und sich gegenseitig nicht an eine bestimmte Strategie binden können? Kann sich ein Land bei der Wahl seiner politischen Strategie auf die Zusagen des Nachbarlandes verlassen oder ist zu befürchten, dass dieses seine Politik ändert, sobald im eigenen Land eine bestimmte politische Richtung eingeschlagen wurde? Es ist zu erwarten, dass die Staaten, ähnlich den Unternehmen auf der nachgelagerten Stufe, in einer Falle des *commitment* landen, aus der sie sich nicht selbst befreien können. Auf diese Problematik wird im folgenden Kapitel näher eingegangen. Gleichzeitig sollen Lösungsstrategien aufgezeigt werden.

---

[23] Für eine geschlossene Ökonomie und eine monopolistische Marktstruktur untersuchten Petrakis und Xepapadeas (1999) die Auswirkungen, falls sich eine Regierung gegenüber dem Monopolisten nicht an einen bestimmten Steuersatz binden kann. Hierbei kann sich ein Mangel an Selbstbindung durchaus positiv auf Innovation und Umweltqualität auswirken, da der Monopolist versuchen wird, durch verstärkte Vermeidungsanstrengungen hohen Umweltsteuern des Staates vorzubeugen. Dieser strategische Effekt kann bei Selbstbindungsmöglichkeiten des Staates nicht auftreten. Allerdings ist die Gesamtwohlfahrt mit *commitment* auch hier höher als ohne.

# 3 Fehlende Selbstbindung zwischen den Staaten

## 3.1 Einleitung

Ziel jeder Regierung eines Landes ist die Implementierung einer Umweltpolitik, die aus Sicht der jeweiligen Regierung für ihr Land optimal ist. Der Umwelt wird, je nachdem, wer die Regierung des Landes stellt, eine hohe oder eine eher geringere Bedeutung beigemessen. Beschränken wir uns wiederum aufgrund der in Kapitel 1 angeführten Gründe auf eine Steuer als einziges umweltpolitisches Instrument, so implementiert die entsprechende Regierung den Umweltsteuersatz, der ihre eigene Zielfunktion unter umweltökonomischen Gesichtspunkten maximiert.

Durch eine zunehmende Globalisierung sowie Verflechtung der nationalen Märkte muss eine Politik in immer stärkerem Maße die internationale Dimension von Entscheidungen berücksichtigen. Sind die Märkte nicht vollkommen kompetitiv, so setzt sich der optimale (Umwelt-)Steuersatz einer Regierung gewöhnlich aus einer Pigousteuer sowie einem zusätzlichen (strategischen) Korrekturterm[24] zusammen. Dieser Korrekturterm ist abhängig von den Marktstrukturen, der Substituierbarkeit der Produkte sowie den speziellen Wettbewerbsformen. Ohne internationale Kooperation bzw. Koordination kann normalerweise kein soziales Optimum erreicht werden. Das Ergebnis ist gewöhnlich ein ineffizientes Nash-Gleichgewicht, bei welchem die Länder letztendlich in einem Gefangenendilemma landen. D.h., es könnte sich nach Absprachen zumindest einer besser stellen, ohne den anderen zu schädigen.

Der Grund des Nichterreichens dieser besseren Position liegt darin, dass sich die jeweiligen Regierungen an keine andere Politik binden können, als an die des Nash-Ergebnisses. Dieser Mangel an Selbstbindung wird zumeist durch internationale Absprachen und Verträge zu beheben versucht. Internationale Abkommen jedoch leiden unter den schwachen Anreizen, diesen treu zu bleiben. Zwar gibt es gerade im Rahmen des internationalen Handels eine hohe Zahl internationaler Umweltabkommen[25], deren Gesamteinfluss auf das globale Ökosystem

---

24 Vgl. hierzu Barrett (1994a), Hoel (1997) oder Althammer und Buchholz (1995).

25 Ein aktueller Überblick multilateraler Umweltabkommen findet sich bei Rao (2000).

ist jedoch eher als gering einzuschätzen.

Aufgrund der Souveränität der einzelnen Staaten können internationale Abkommen nur dann über eine längere Laufzeit bestehen, wenn sich zum einen eine hinreichend hohe Anzahl von Unterzeichnerstaaten findet, die bereit sind, dem Abkommen beizutreten und sich diese darüber hinaus durch einen Beitritt auch besser stellen. Dieses so genannte *self enforcing* eines Vertrages ist Voraussetzung für die Stabilität freiwilliger internationaler Abkommen. Gibt es für einen einzelnen Staat Anreize, aus dem Vertrag auszuscheiden, so wird jedes Land versuchen die Vorteile eines so genannten *free rider* Verhaltens auf Kosten der anderen Staaten auszunutzen und der Vertrag ist langfristig instabil.

Hierzu gibt es zahlreiche Untersuchungen, unter welchen Bedingungen Verträge stabil sind und wann diesen ein Zusammenbruch droht. Vorreiter hierfür war Barrett (1994b), der zeigte, dass starke internationale Umweltabkommen nur bei einer kleinen Zahl von Teilnehmern Stabilitätseigenschaften aufweisen[26]. Jeppersen und Andersen (1998) widersprachen dieser eher negativen Sichtweise, indem sie Barretts Ansatz um die Komponenten *commitment* und Fairness erweiterten. Sind einige Länder aus gesellschaftlichen Gründen an ein stärkeres Umweltbewusstsein gebunden, so steigt die Wahrscheinlichkeit, dass diese Länder sich an Umweltabsprachen halten. Zusätzlich haben die Länder auch einen Anreiz innerhalb einer Koalition zu verbleiben, wenn sie beobachten, dass die anderen Koalitionäre dem Bündnis treu bleiben. Hieraus ergeben sich zusätzliche „Fairness-Gleichgewichte", die den Erfolg internationaler Abkommen wahrscheinlicher machen. Auch wenn diese Ergebnisse etwas optimistischer sind, so bleibt das grundsätzliche Problem der Effektivität derartiger freiwilliger Absprachen jedoch bestehen.

Untersuchungen zu internationalen Umweltabkommen beziehen sich zumeist auf grenzüberschreitende Umweltprobleme. Ist der Schaden national, so ist zunächst kaum einsichtig, warum es für die Länder sinnvoll wäre, gemeinsame Absprachen zu treffen. Kommt jedoch der internationale Handel mit ins Spiel, so bekommen nationale Umweltprobleme rasch eine internationale Dimension[27]. Da eine optimale Umweltpolitik hierbei nicht nur rein ökologische Motive berücksichtigt, werden Argumente eines ökologischen *commitment* bzw. einer globalen Fairness kaum zum Tragen kommen und das Erreichen einer effizienten Politik allein durch Verhandlung ist wenig wahrscheinlich.

---

[26] Für einen Überblick siehe auch Haupt (2001) oder Jeppersen und Andersen (1998).

[27] Siehe hierzu Abschnitt 2.2.

Ist eine Absprache nicht möglich, so besteht dennoch eine weitere Möglichkeit, dem Gefangenendilemma ein wenig zu entkommen und zwar durch Delegation der politischen Entscheidungsgewalt an eine nachgelagerte Ebene.

Hat ein Entscheidungsträger die Möglichkeit, die Entscheidungkompetenz an andere zu delegieren, eröffnet ihm dies Möglichkeiten zu strategischem Verhalten. Ist der Delegierte durch andere Präferenzen charakterisiert als der Entscheidungsträger selbst, so wird er folglich andere Entscheidungen treffen und kann diese auch glaubhaft seinem Gegenüber vermitteln. Kennt der Entscheidungsträger nun die Präferenzen des potenziellen Delegierten und kann er somit auch dessen Entscheidungen antizipieren, so wird er denjenigen zum Delegierten wählen, der die für eine optimale Entscheidungsstruktur notwendigen Präferenzen aufweist. Die Entscheidung des Delegierten, die von der des Entscheidungsträgers abweicht, ist glaubwürdig aufgrund der bekannten Präferenzordnung des Delegierten.

Dass eine solche strategische Delegation erfolgversprechend sein kann, ist in der Literatur hinreichend bekannt. Bereits Schelling (1956, 1960) erwähnte, dass die Delegation von Entscheidungen an einen Agenten die Schwäche, sich selbst nicht an Entscheidungen binden zu können, ausgleichen kann. Fershtman et al. (1991) zeigten, dass eine strategische Delegation an geeignete Agenten sogar zu pareto-optimalen Ergebnissen führen kann. Delegation ist hier eine Art verdeckter Kooperation.

Wo sind aber nun Delegationen im umweltpolitischen Entscheidungsprozess beobachtbar? Umweltpolitische Entscheidungen werden von Regierungen getroffen, die in demokratischen Systemen vom Volk gewählt werden. Der gewählte Politiker muss als Repräsentant des Wählers Entscheidungen auf internationaler Ebene unter Berücksichtigung des Verhaltens der ausländischen Regierungen treffen. Durch die Interaktion mit dem Ausland entstehen für den Politiker Anreize zu strategischem Verhalten. Kann sich eine Regierung strategisch verhalten, so besteht diese Möglichkeit auch für den Wähler. Dieser hat nun neben den strategischen Anreizen der Regierung, durch die Möglichkeit der Wahl, einen zusätzlichen Anreiz zu strategischem Verhalten. Der Wähler kann bei der Stimmabgabe frei entscheiden, welchem politischen Entscheidungsträger, d.h., welcher umweltpolitischen Richtung er seine Stimme gibt. Hierbei ist er nicht dazu verpflichtet, seine Stimme dem Politiker zu geben, der sich durch die gleichen Präferenzen wie der Wähler auszeichnet. Vielmehr kann er durch geschickte Wahl einem Entscheidungsträger die Entscheidungsvollmacht übertragen, der aufgrund seiner Präferenzordnung eine bestimmte politische Position stärker vertreten und schließlich auch durchsetzen kann als der Wähler selbst.

Sogar ein „grüner" Wähler mag mit einer Umweltpolitik nicht zufrieden sein, die das Resultat einer, mit seinen eigenen Präferenzen übereinstimmenden Präferenzordnung ist. Aufgrund seiner starken ökologischen Bindung hat er auf der internationalen Bühne zu starke Anreize, die eigene Umweltpolitik durchzusetzen und dabei den Einfluss des Gegenübers zu wenig zu berücksichtigen. Entscheidet nun ein Politiker, der über geringere Umweltpräferenzen verfügt, an seiner Stelle, so verringert sich dieses Anreizproblem. Eigenständig wäre der Wähler nicht in der Lage, diese, auch für ihn bessere Politik glaubhaft zu implementieren. Er kann sich nicht an eine von seinen Präferenzen abweichende Politikstrategie binden.

Speziell mit einer derartigen strategischen Delegation im umweltpolitischen Bereich beschäftigten sich Buchholz und Haslbeck (1998), die den Anreiz zu strategischer Delegation bei der Bereitstellung eines internationalen öffentlichen Umweltgutes aufzeigen. Auch hier wird als Delegation die Wahl der Politiker durch die Bürger eines Landes erwähnt. Je nachdem, ob die Delegation einseitig oder gleichzeitig in beiden Ländern erfolgt, haben die Bürger einen Anreiz einen Politiker zu wählen, der sich durch niedrigere bzw. höhere Umweltpräferenzen als sie selbst auszeichnet. Idee hierbei ist es, dass durch Delegation das Durchsetzungsvermögen des Delegierenden glaubhaft gestärkt wird. Bei Buchholz et al. (2001) wird unter ähnlicher Intuition der Anreiz des Wählers dargestellt, einen weniger grünen Politiker in Verhandlungen über ein (öffentliches) Umweltgut zu schicken. Delegation stärkt hierbei die Verhandlungsmacht der an den Verhandlungen Beteiligten.

Die Frage ist nun, wie sich eine solche Delegation letztendlich auswirkt und von welchen Gegebenheiten dies abhängt. Unter welchen Umständen kann eine Delegation tatsächlich die *commitment*-Falle knacken? Ist Delegation für alle Beteiligten sinnvoll, also auch aus globaler Perspektive, oder profitieren nur einzelne Beteiligte, eventuell auf Kosten anderer?

Im Folgenden sollen verschiedene Szenarien genauer betrachtet und miteinander verglichen werden. Im Abschnitt 3.2 werden anhand eines speziellen Falles die Auswirkungen strategischer Delegation beim Wahlverhalten untersucht. Hierbei wird in einem duopolistischen Modell Cournot-Wettbewerb unterstellt. Des Weiteren wird davon ausgegangen, dass nur ein einziges homogenes Gut am Markt ist. Das Modell zeichnet sich zwar durch einen hohen Grad von Spezialisierung aus, lässt aber durch konkrete Ergebnisse tiefere Einsichten in den Charakter des Modells zu. Im Weiteren wird das Modell dann auf mehrere (zwei) Güter erweitert, wobei unterschiedliche Niveaus von Substituierbarkeit bzw. Komplementarität der Güter zugelassen werden. Auch werden die Ergebnisse bei Bertrand-Wettbewerb ermittelt und mit denen des Cournot-Wettbewerbs verglichen. Im Anschluss werden die Resultate noch einmal zusammenfassend dargestellt und es wird auf die jeweiligen Unterschiede hingewiesen.

## 3.2 Effizienzgewinne durch strategische Delegation - Spezialfall: Ein homogenes Gut unter Cournot-Wettbewerb

### 3.2.1 Der Modellrahmen

In diesem Abschnitt werden die Auswirkungen oben beschriebener Delegation bei Vorliegen von Produktionsexternalitäten und ohne grenzüberschreitende Verschmutzung[28] näher untersucht[29]. Im Gegensatz zu den Unternehmen sind die Staaten nicht an einer Gewinnmaximierung im eigentlichen Sinne interessiert. Vielmehr ist das Ziel einer Regierung das Wohlergehen des Landes und somit ihr eigenes. Die Regierung sei hier durch einen einzelnen Politiker abgebildet. Wird dieser direkt gewählt, so hat seine Zielfunktion die gleiche Gestalt wie die Zielfunktion des Wählers. Die Wähler allerdings unterscheiden sich in ihren Präferenzen, und der an die Macht gewählte Politiker steht für eine derartige, ganz bestimmte Präferenzordnung. Zur Vereinfachung wird deswegen angenommen, dass die Wähler des Landes bis auf ihre Umweltpräferenzen vollkommen identisch seien. Sie, und somit ihre Zielfunktionen unterscheiden sich ausschließlich durch einen Parameter, der die Umweltpräferenz der Konsumenten misst.

Woraus setzt sich nun die Zielfunktion eines (Wahl-)Bürgers aber zusammen? Der einzelne Bürger des Landes ist gleichfalls auch Konsument und somit ist

[28] In der Umweltpolitik ist nach wie vor ein eher nationales Denken zu beobachten. Selten werden globale Auswirkungen bei der Umsetzung der nationalen Politik berücksichtigt.

[29] Dieser Abschnitt basiert im Wesentlichen auf Menzel und Peters (2000).

die Höhe des Konsums für ihn das ausschlaggebende Kriterium. Die Höhe des Konsums wird dabei durch die Nachfrage bzw. durch die nachgefragten Mengen abgebildet. Hierbei wirkt sich der Konsum einer Einheit des Gutes positiv auf das Wohlergehen des Konsumenten aus. Für den Konsum der Produkte ist allerdings zuvor deren Produktion notwendig. Verursacht diese Produktion Externalitäten, so beeinträchtigt dies den Vorteil, der aus dem Konsum gezogen wird. Die Gegenüberstellung der Vor- und Nachteile bezeichnen wir im Weiteren als *payoff* eines Wählers bzw. des gewählten Politikers eines Landes. Die Zielfunktion ist somit keine Wohlfahrtsfunktion im herkömmlichen Sinne.

Neben den Konsumenten spielen am Markt die Unternehmen eine wesentliche Rolle. Ziel der Unternehmen ist hierbei die Maximierung der Gewinne. Im internationalen Handel spielen sowohl die heimischen Gewinne als auch die im Ausland erzielten eine Rolle. Während das Ziel der strategischen Handelspolitik in Abschnitt 2.1 ein so genanntes *profit shifting* war, d.h. möglichst hohe Gewinne im Ausland für die heimische Industrie abzuschöpfen, soll dies im Folgenden keine Rolle spielen. Unternehmensgewinne per se sind zunächst im Wesentlichen für die Unternehmer selbst von Interesse. Die Unternehmer stellen aber einen eher geringen Anteil an der Wahlbevölkerung und können somit bei der Wahl des regierenden Politikers vernachlässigt werden. Berücksichtigt man im *payoff* zusätzlich die Unternehmensgewinne, so kommt lediglich ein weiterer Effekt, und zwar der des in 2.1 dargestellten *profit shifting* hinzu, was die Ergebnisse im Folgenden zwar quantitativ, allerdings nicht qualitativ beeinflusst.

Oft werden auch die Steuereinnahmen als originäre Größe mit in die Zielfunktion des Staates aufgenommen. Auch dies bringt jedoch nur einen weiteren quantitativen Effekt mit sich, versperrt aber die Sicht auf die hier zu analysierenden Delegationseffekte. Der Einfachheit halber sollen Steuereinnahmen *lump sum* an die Haushalte zurückgeführt werden. Dies beeinflusst folglich nicht deren Wahlentscheidung und kann bei Aufstellung der Zielfunktion vernachlässigt werden.

Die Unternehmen beeinflussen, wie oben beschrieben, nur indirekt den *payoff*. Zum einen als Produzenten der Konsumgüter und zum anderen als Verursacher des Umweltschadens. Findet der Umweltschaden ausschließlich bei der Produktion statt, so ist offensichtlich, dass die betroffenen Länder ein großes Interesse haben, diese Verschmutzung ins Ausland zu verlagern. Da die Umweltbelastung hier als lokal angenommen werden soll, sind auch keine negativen *spillover* bei der Produktion zu befürchten. Der Konsum des Gutes, bei dessen Herstellung negative Umweltexternalitäten auftreten, verursacht selbst keine Externalitäten und ist somit sehr willkommen. Ein Beispiel hierfür wäre die Produktion von Energie in Form von Elektrizität. Während der Schaden ausschließlich bei der Produktion anfällt, ist der Konsum relativ „sauber". Auf dieses Beispiel wird in Abschnitt 3.3 noch detaillierter eingegangen werden. Ist die Produktion eines solchen Gutes für Umweltschädigungen verantwortlich, so werden die Regierungen versuchen, die negativen Externalitäten durch gezielte Umweltpolitik zu internalisieren. Kann das Gut auf mehreren Märkten von verschiedenen Anbietern produziert werden, so muss die heimische Politik die internationale Dimension ihrer nationalen Umweltpolitik berücksichtigen, auch wenn der Schaden an sich nicht grenzüberschreitend auftritt. Die Umweltpolitik beeinflusst den Handel zwischen den Ländern und hat neben dem ökologischen noch einen zusätzlichen handelspolitischen Aspekt. Dies impliziert strategische Anreize die zu einem Abweichen der Umweltsteuer vom Pigousteuerniveau führen.

Müssen Regierungen strategische Aspekte bei der Implementierung ihrer Politik berücksichtigen, so haben wiederum auch die Wähler, die in der vorgelagerten Stufe des Entscheidungsspiels über die Einsetzung des politisch Verantwortlichen entscheiden, einen Anreiz zu strategischem Verhalten. Kann ein und dasselbe Gut an verschiedenen Standorten produziert werden, so erscheint für jedes Land und somit auch für jeden Wähler eine NIMBY[30]-Strategie eine sinnvolle Strategie zur Lösung des lokalen Umweltproblems darzustellen. Im nichtkooperativen Spiel werden die Regierungen somit geneigt sein, zu hohe Umweltsteuersätze zu implementieren. Entscheidet sich jedes Land dahingehend, seine Umweltprobleme durch eine Verlagerung der Schadensquelle ins Nachbarland mit Hilfe einer aggressiven Steuerpolitik zu lösen, so muss das Ergebnis in ein klassisches Gefangenendilemma führen, aus dem sich der Einzelne mangels Selbstbindung nicht ohne weitere lösen kann.

Im Folgenden (3.2.2) wird das spezielle Modell im Detail präsentiert. Das Politikspiel wird in 3.2.3 gelöst und das Delegationsgleichgewicht in 3.2.4 bestimmt. Zum Schluss (3.2.5) wird gezeigt, dass hier die Delegation der Wahlentscheidung immer zu einer Effizienzsteigerung führt.

### 3.2.2 Das Modell

In diesem Abschnitt wird eine detaillierte Analyse des Modells dargestellt. Das

[30] *Not in my backyard*

Modell soll im Wesentlichen auf zwei Aspekte des internationalen Wettbewerbs fokussieren: Zum einen konkurrieren mehrere Unternehmen auf gemeinsamen Märkten, d.h., es ist ein Modell des oligopolistischen Wettbewerbs. Wenn zwei Unternehmen ein homogenes Gut produzieren und im Mengenwettbewerb stehen, so bilden sie ein Cournot-Duopol. Wenn sich diese beiden Unternehmen an verschiedenen Standorten befinden, d.h. in verschiedenen Ländern ihre Produktionsstätten errichtet haben, so kommt ein weiterer Aspekt hinzu, und zwar der des internationalen Handels. Somit können sich die relevanten ökonomischen Größen des Modells, wie Kosten, Gewinne, Beschäftigung und nicht zuletzt die Umweltverschmutzung in den einzelnen Ländern erheblich unterscheiden.

Es entsteht eine zweite Dimension staatlicher Politik, wenn die einzelnen Länder bei ihrer Politikentscheidung ausschließlich das Wohlergehen der eigenen Bevölkerung vor Augen haben, ohne Rücksicht auf das Nachbarland. Auch und gerade bei einer lokalen Verschmutzung besteht ein großer Anreiz, die Verschmutzung durch eine geeignete (Umwelt-)Politik ins Ausland zu verlagern. Diese so genannte Umweltpolitik basiert dann jedoch nicht ausschließlich auf einer ökologischen Motivation sondern dient zusätzlich einem handelspolitischen Interesse, was mit strategischen Anreizen für den entscheidenden Politiker verbunden ist. Diese dienen hier nicht dem *profit shifting* sondern vielmehr einer importorientierten Politik, um die Versorgung mit Gütern im Inland zu gewährleisten. Wird der Politiker, der sich diesen Anreizen gegenübersieht jedoch durch Delegation bestimmt, so übertragen sich die strategischen Anreize auch auf den Delegierenden, d.h., auf den Wähler.

Die exakten Zusammenhänge werden in einem dreistufigen Spiel analysiert, das wie gewöhnlich per Rückwärtsinduktion gelöst wird:

- 1. Stufe: Delegation durch den Medianwähler
  In jeder Region werden die Regierungen unter Mehrheitswahlrecht gewählt. Der Medianwähler entscheidet, welcher Politiker letztendlich gewählt werden wird. Er delegiert somit die Entscheidung über die umweltpolitische Strategie an den Entscheidungsträger, also an den regierenden Politiker. Die Regierung versucht nun mit Hilfe einer geeigneten Umweltpolitik den durch die Produktion verursachten Umweltschaden so gering wie möglich zu halten, muss dabei aber auch die Nachteile einer Produktionsreduzierung abwägen. Auch hier sollen der Regierung ausschließlich Steuern zur Durchsetzung ihrer Politik zur Verfügung stehen. Die Effek-

te des Steueraufkommens werden vernachlässigt. Dies soll wie oben beschrieben dadurch sichergestellt sein, dass das Aufkommen *lump sum* an die Haushalte zurückgeführt wird.

- 2. Stufe: Die Regierungen entscheiden über ihre Politikstrategie.
  Der Regent implementiert die Politik, die seine Zielfunktion maximiert. Diese wird durch seinen *payoff* dargestellt, der zum einen positiv vom Konsum des Gutes und zum anderen negativ durch die bei der inländischen Produktion entstehende Verschmutzung beeinflusst wird. Obwohl der Politiker vom Medianwähler gewählt wurde, wird er seine Entscheidungen, sobald er an der Macht ist, ausschließlich nach seinen eigenen Vorstellungen treffen und sieht sich nicht mehr in der Verpflichtung, die Präferenzen des Wählers zu berücksichtigen. Sicherlich widerspricht dieser extremen Darstellung eines Politikers sein Interesse an einer Wiederwahl. Das Gedächtnis der Wähler jedoch ist kurz und der Gewählte sieht sich nicht unbedingt an gegebene Wahlversprechungen gebunden. Ist er einmal an der Macht, so gibt es keine Autorität, bei der das Einlösen seiner Wahlversprechungen eingeklagt werden könnte. Andererseits ist die Präferenzordnung des Politikers dem Wähler bekannt und er kann das spätere Verhalten des Gewählten antizipieren. Versprechungen, die nicht mit der Präferenzordnung des Politikers übereinstimmen sind grundsätzlich nicht glaubhaft und so ist es dem zu Wählenden auch nicht möglich, sich vorab an eine bestimmte Politik zu binden. Selbst wenn er das möchte, könnte er sich nicht verpflichten, das einmal Versprochene nach der Wahl auch tatsächlich umzusetzen.

- 3. Stufe: Cournot-Wettbewerb.
  Da es in jedem der beiden Länder nur ein Unternehmen gibt, besteht unsere Modellwelt aus einem einfachen Cournot-Duopol. Auf der letzten Stufe des Spiels entscheiden die Unternehmen über ihre Produktionsniveaus.

Um die Analyse so einfach wie möglich zu halten soll hier die Annahme gelten, dass Nachfrage und Angebot in beiden Ländern symmetrisch sind. Zur Vereinfachung wird angenommen, dass die Nachfrage nach dem homogenen Gut in jedem einzelnen Land linear sei und die gemeinsame inverse Nachfragefunktion nach Aggregation folgende Form hat:

$$p(X) = 1 - \frac{X}{2}. \tag{1}$$

Die Gesamtnachfrage $X$ wird dabei durch die Produktion der beiden Duopolisten befriedigt, d.h. $X = x_1 + x_2$, wobei $x_i$ den Output des Produzenten in Land $i$ darstellt. Da beide Länder symmetrisch zueinander sind muss die Hälfte des Gesamtangebots genau der Nachfrage eines Landes entsprechen. Der Parameter $X$ kann hier also sowohl für das Gesamtangebot als auch für die Gesamtnachfrage verwendet werden.

Der Output wird in jedem Land von einem einzelnen Unternehmen produziert. Beide Duopolisten maximieren ihre Profite

$$\Pi_i(x_i, x_j) = p(x_i + x_j)\, x_i - t_i x_i, \qquad i = 1, 2, \tag{2}$$

wobei $t_i$ den Umweltsteuersatz inklusive der konstanten Grenzkosten der Produktion von Unternehmen $i$ darstellt. Das Cournot-Duopol-Gleichgewicht ist im folgenden Lemma dargestellt und fasst die Resultate der letzten Stufe des Spieles zusammen.

**Lemma 1** *Auf der dritten Stufe des Spiels ergibt sich folgendes Cournot-Duopol-Gleichgewicht:*

$$x_i^* = \frac{2(1 - 2t_i + t_j)}{3} \tag{3}$$

*sowie*

$$p^* = \frac{1 + t_i + t_j}{3}, \tag{4}$$

*wobei $x_i^*$ den Gleichgewichtsoutput in Region $i$ darstellt und $p^*$ den Gleichgewichtspreis.*

**Beweis:** Maximierung der Gewinne (2) mit Berücksichtigung von (1) liefert die Resultate des Lemmas. ■

Die Produktion verursacht einen lokalen Umweltschaden. Die streng konvexe Schadensfunktion[31] $D_i(x_i) \geq 0$ misst den Zusammenhang zwischen der ökonomischen Aktivität $x_i$ und dem lokalen Umweltschaden, wobei sich $x_i$ auf die Produktion in Land $i$ bezieht. Die Schadensfunktion gibt hierbei das objektive Schadensniveau an und steht für den Verlust an Umweltqualität. Jedes einzelne Individuum hat jedoch eine eigene, subjektive Bewertung für diesen Schaden. Anders ausgedrückt unterscheiden sich die einzelnen Individuen nur in ihren ökologischen Präferenzen. Diese werden durch den Umweltpräferenzparameter $\theta_i > 0$ charakterisiert. Der Präferenzparameter $\theta_i$ ist eine individuelle Gewichtung dafür, wie stark man sich von ökologischen Problemen betroffen fühlt, und stellt somit eine individuelle Beurteilung des Einzelnen dar. Der Parameter $\theta_i$ sei gemäß einer Verteilungsfunktion über das Intervall $(0; 1)$ verteilt. Die Verteilungsfunktion der Umweltpräferenzen gibt dabei an, wer letztendlich den Medianwähler im jeweiligen Land stellt. Je umweltbewusster dabei ein Wähler, umso mehr leidet er unter der Umweltzerstörung seines Landes. Insofern charakterisiert ein hoher Wert von $\theta_i$ eine eher grüne Politikeinstellung.

Die Konsumenten entscheiden über die Umweltmaßnahmen ihres Landes durch Abgabe des Stimmzettels. Jeder Politiker steht dabei für eine bestimmte umweltpolitische Strategie. Der Politiker, der gleichzeitig auch selbst Wähler ist, maximiert nun seinen *payoff*, sobald er an der Macht ist. Der gerade an der Macht befindliche Politiker, also der aktuelle Entscheidungsträger, ist im Weiteren durch seine persönliche Präferenzordnung $\theta_i$ eindeutig bestimmt. Sein *payoff* ist

$$W_i = \frac{X}{2} - \theta_i D_i(x_i). \tag{5}$$

Der *payoff* setzt sich aus dem Konsum des jeweiligen Landes sowie dem durch $\theta_i$ bewerteten Umweltschaden zusammen. Der Konsum eines Landes ist aufgrund der Symmetrie des Modells genau die Hälfte des Gesamtangebots, d.h. $X/2$. Aus den zuvor bereits erwähnten Gründen tauchen weder Unternehmensgewinne noch Steuereinnahmen in der Zielfunktion auf. Unternehmer sind in der Wählerschaft in einer kleinen Minderheit. Die Steuereinnahmen werden laut Annahme pauschal an die Haushalte zurückgeführt und nehmen somit keinen Einfluss auf Politik- bzw. Wahlentscheidungen. Darüber hinaus ist die Bevölkerung bei ihrer Wahlentscheidung wohl auch weniger an der Höhe des Steueraufkommens als

[31] Zur Sicherstellung innerer Lösungen ist hier noch eine Inada-Bedingung zu treffen: $\lim_{x_i \longrightarrow 0} D_i'(x_i) = 0$. Vergleiche hierzu Inada (1963).

an den Ergebnissen der Politik interessiert, die aus der Einkommensverwendung resultieren.

### 3.2.3 Das Politik-Spiel: Die strategische Umweltsteuer

Umweltpolitische Maßnahmen berühren die konstanten Grenzkosten der Produktion, insbesondere, wenn diese in Form von Umweltsteuern auftreten. Der Umweltsteuersatz $t_i$ kann als Gesamtkostenparameter, d.h. als Zusammensetzung aus Produktionskosten und Steuersatz auf den Output der Produktion interpretiert werden. A priori kann $t_i$ hier ein sowohl positives als auch negatives Vorzeichen haben, also sowohl eine Steuer als auch eine Subvention darstellen.

Während der Staat nun seine (Umwelt-)Steuerentscheidung trifft, beeinflusst er direkt die Kosten der Unternehmen. Eine starke nationale Umweltpolitik, also ein hohes Niveau der Ökosteuer reduziert folglich die heimische Produktion, während dies die ausländische Produktion ankurbelt. Durch die NIMBY-Strategie der Politik verlagert sich die Produktion ins Nachbarland. Dies ist im Wesentlichen auf die von der Politik gewünschten Effekte zurückzuführen, die eine Substitution im Konsum des im Inland produzierten Gutes durch das ausländische Produkt bewirken. Eine derartige Politik geht somit voll zu Lasten des Nachbarn, da zum einen die Gesamtnachfrage, und somit auch die Nachfrage in beiden Ländern zurückgeht und sich zum anderen der Umweltschaden im Ausland vergrößert.

Hat der Medianwähler in Land $i$ eine Entscheidung getroffen und für einen Politiker mit dem Präferenzparameter $\theta_i$ gestimmt, so wird der Gewählte nach Wahlausgang ausschließlich nach seiner Präferenzordnung entscheiden. Er entscheidet über einen (Umwelt-)Steuersatz, welcher wiederum direkt die (Grenz-) Kosten des Unternehmens beeinflusst. Der Gegenüber in Land $j$ wird genauso verfahren und beide Politiker entscheiden sowohl unabhängig als auch simultan. Die jeweils beste Antwort des einen ist komplementär zu einer gegebenen Politik des Nachbarlandes, was bedeutet, dass die Steuern strategische Komplemente darstellen.

**Proposition 1** *Im Politikspiel auf der zweiten Stufe gilt:*

*(i) Es existiert ein einziges Nash-Gleichgewicht welches durch*

$$D_i'\theta_i = \tfrac{1}{4} \quad und \quad D_j'\theta_j = \tfrac{1}{4} \tag{6}$$

*charakterisiert ist.*

*(ii) Umweltpolitiken sind strategische Komplemente und liefern die linearen Reaktionsfunktionen $t_i = R_i(t_j)$ und $t_j = R_j(t_i)$ mit ihren zugehörigen Steigungen*

$$\tfrac{dt_i}{dt_j} = R_i' = 0,5 \quad und \quad \tfrac{dt_j}{dt_i} = R_j' = 0,5. \tag{7}$$

**Beweis:** Durch Maximieren von (5) sind die Reaktionsfunktionen implizit definiert durch

$$\frac{\partial W_i}{\partial t_i} = -\frac{1}{3} + \frac{4}{3}\theta_i D_i' \stackrel{!}{=} 0. \tag{8}$$

Implizites Differenzieren nach den beiden Steuersätzen $t_i$ und $t_j$ liefert die Ergebnisse. ■

Gleichung (6) zeigt den Zusammenhang zwischen dem Präferenzparameter $\theta_i$ und dem Grenzschaden der Produktion $D_i'$. Eine stärker betriebene Umweltpolitik zu Hause verlagert die Produktion und die damit direkt verbundene Verschmutzung außerhalb der eigenen Grenzen. Im Gegenzug sind im Nachbarland ebenso verstärkte umweltpolitische Maßnahmen zu erwarten, um dieser Verlagerungstaktik entgegenzuwirken und dort eine zu hohe Umweltbelastung zu vermeiden. Somit sind $t_i$ strategische Komplemente.

In Abbildung 3.1 ist das Nash-Gleichgewicht der zweiten Stufe, d.h., das Gleichgewicht des Politikspieles noch einmal grafisch dargestellt. Strategische Komplemente führen zu steigende Reaktionsfunktionen. Der gleichgewichtige Nash-Steuersatz $(t_1^N, t_2^N)$ liegt im Schnittpunkt der Reaktionsfunktionen welche linear sind und sich durch die Steigung $0,5$ auszeichnen.

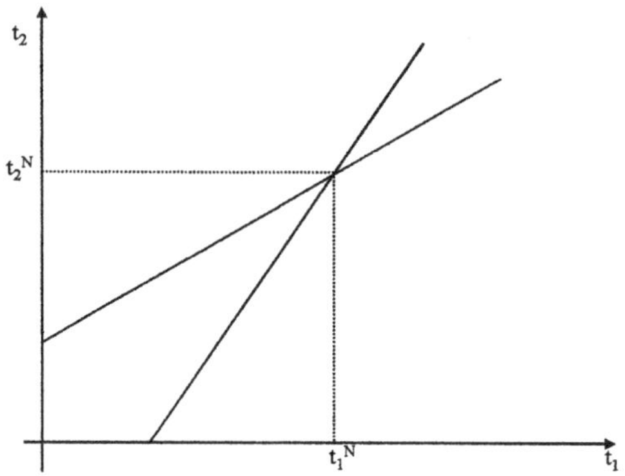


Abbildung 3.1: Das Nash-Gleichgewicht

Wie einleitend erwähnt, ist das Vorzeichen des Umweltsteuersatzes zunächst unbestimmt. Aus (6) folgt für kleine Werte von $\theta_i$ sogar das scheinbar absurde Ergebnis, dass mit abnehmendem $\theta_i$ der Wert von $x_i$ im Gleichgewicht unbegrenzt steigt[32]. Dies wäre lediglich durch vermehrte Subventionszahlungen erreichbar. Der gleiche Effekt ergibt sich für einen niedrigen Grenzschaden der Produktion[33]. Sowohl $\theta_i$ als auch $D_i'$ repräsentieren in unserem Kontext den umweltpolitischen Aspekt des vorliegenden Modells. Ein verschwindender Wert von $\theta_i$ steht für nahezu fehlendes Umweltbewusstsein des Politikers, bzw. im Folgenden des Wählers. Ist der Grenzschaden der Produktion nahe Null, so spielen Externalitäten keine Rolle. Da Gegenstand der vorliegenden Untersuchung und des dafür verwandten Modells gerade diese umweltpolitische Komponente sein soll, ist es nicht verwunderlich, dass ein Verschwinden der umweltspezifischen Parameter zu (scheinbar) absurden Ergebnissen führt. Dies soll im Folgenden durch hinreichend hohe Werte von $\theta_i$ bzw. $D_i$ ausgeschlossen werden. Eine detaillierte Spezifizierung dieser Annahme findet sich im nächsten Abschnitt.

---

32 $\lim_{\theta_i \to 0} x_i = \infty$

33 $\lim_{D_i' \to 0} x_i = \infty$

### 3.2.4 Das Wahl-Spiel: Grün denken – schwarz wählen

In vorangegangener Proposition 1 wurde implizit dargestellt, wie das Gleichgewicht des Politikspiels von den Präferenzen des Politikers abhängt. Folgendes Lemma zeigt den Einfluss der Präferenzen für eine saubere Umwelt auf die Steuerpolitik.

**Lemma 2** *Bei einer stärkeren Umweltpräferenz des Politikers aus Land i, d.h. bei einem Anstieg von $\theta_i$ steigt der gleichgewichtige Steuersatz sowohl zu Hause wie auch im Ausland. Dabei steigt der ausländische Steuersatz nur halb so stark wie der inländische:*

$$\frac{\partial t_i}{\partial \theta_i} = 2\frac{\partial t_j}{\partial \theta_i}. \tag{9}$$

**Beweis:** Das Nash-Gleichgewicht ist durch die beiden Gleichungen aus (3) charakterisiert. Totales Differenzieren dieser Gleichungen liefert die in Lemma 2 dargestellten Eigenschaften. ■

Falls eine der Regierungen an ökologischem Bewusstsein gewinnt steigen folglich beide Steuersätze. Im einen Land aufgrund der zunehmenden Präferenzen für eine striktere Umweltpolitik und im anderen Land aufgrund der strategischen Komplementarität der Steuern. Im Gleichgewicht wirkt sich die Steuererhöhung des Inlands allerdings etwas abgeschwächt auf das Ausland aus und zwar genau um die Hälfte. Die Steuer im Ausland wird ja nicht aus eigenen ökologischen Gründen erhöht, sondern ausschließlich um einer Verlagerung der Verschmutzung entgegenzuwirken. Die ökologischen Präferenzen haben sich dort nicht verändert. Insofern schlägt die Steuererhöhung nicht zu 100% ins Ausland durch.

Die Produktion im Ausland bleibt konstant während die heimische zurückgeht. Es ist offensichtlich, dass sich die Präferenzveränderung des Inlands negativ auf das Wohlergehen des Auslands auswirkt, da das Gesamtangebot sinkt und somit der Preis des Gutes steigt. Dies ist der einzige Effekt auf den ausländischen *payoff*. Da die Produktionsmenge konstant geblieben ist hat sich auch die Verschmutzungsmenge nicht geändert.

Das vorangegangene Lemma informierte uns über die Höhe der Steuersätze in Übereinstimmung mit den Umweltpräferenzen der Politiker. Sind sich die Wähler bewusst, wie sich eine Präferenzänderung auf das politische Gleichgewicht auswirkt, so haben sie Anreize, sich bei der Wahl strategisch zu verhalten und es stellt sich die Frage, für wen der Medianwähler optimalerweise seine Stimme abgeben soll. Strategisches Verhalten erlaubt es ihm, seine Stimme jemandem zu geben, dessen Präferenzordnung nicht mit seiner eigenen übereinstimmt. Wie bereits erwähnt, kann sich ein Politiker von sich aus nicht an eine bestimmte Politikstrategie binden, falls diese nicht mit dem Optimierungskalkül seiner eigenen Präferenzen übereinstimmt. D.h., er kann sich nicht an eine Strategie binden, die von der in Proposition 1 bestimmten Gleichgewichtslösung abweicht. Jedoch kann der Wähler diesen Mangel an Selbstbindung dadurch beseitigen, dass er seine Stimme jemandem mit abweichenden Präferenzen gibt, also einem Politiker, der genau die Präferenzordnung aufweist, die unter Berücksichtigung von Proposition 1 zu dem gewünschten Resultat führt. Wählen stellt also in diesem Fall eine spezielle Form der Selbstbindung dar.

Verfügt der Medianwähler über die Präferenzordnung $\widetilde{\theta}_i$, so sucht er sich den Politiker, dessen umweltpolitische Strategie den optimalen *payoff* für ihn selbst liefert. Zur Vereinfachung wird hier angenommen, dass die zur Wahl stehenden Politiker, wie die Wähler selbst, kontinuierlich über das Intervall $[0;1]$ verteilt sind. Die optimale Wahl $\theta_i^*$ maximiert den *payoff*

$$W_i = \frac{1}{3}(2 - t_i - t_j) - \widetilde{\theta}_i D_i \left[\frac{2}{3}(1 - 2t_i + t_j)\right], \tag{10}$$

wobei die Grenzkosten der Unternehmen, d.h. die Umweltsteuern, von der Präferenzordnung der jeweils delegierten Entscheidungsträger $(\theta_i, \theta_j)$ abhängen. Die optimale Wahl für $\theta_i$ kann leicht durch Differenzieren von Gleichung (10) gefunden werden. Es müssen nur noch die Ergebnisse der komparativen Statik (9) sowie der Grenzschaden aus der Bedingung des Nash-Gleichgewichts (6) eingesetzt werden,

$$\frac{\partial W_i}{\partial \theta_i} = \frac{\partial t_i}{\partial \theta_i} \frac{\widetilde{\theta}_i - 2\theta_i}{4\theta_i}. \tag{11}$$

Da der erste Ausdruck auf der rechten Seite der Gleichung stets positiv ist, nimmt der *payoff* des Wählers in Land $i$ monoton mit der Stärke der Umweltpräferenz des Entscheidungsträgers so lange zu, wie $\theta_i < 0,5\,\widetilde{\theta}_i$. Der favorisierte Politiker ist nur „halb so grün" wie der Medianwähler selbst. Die Präferenzordnungen der Wähler sind hierbei eingipflig[34]. Zur Vereinfachung wird hier angenommen, dass der gewählte Politiker seine Politik direkt implementieren kann. Die entscheidende Stimme liegt somit nach der einfachen Mehrheitsregel beim Medianwähler.

Wenn nun jeder einzelne Wähler seine Politikentscheidung an jemanden delegieren möchte, der weniger umweltbewusst ist als er selbst, so gilt dies selbstverständlich auch für den Medianwähler. Dieser delegiert durch Stimmabgabe im Wahllokal seine Politikentscheidung. Unabhängig davon, wer im Nachbarland an der Regierung ist, wäre der Medianwähler stets schlecht beraten, gäbe er seine Stimme jemandem, der über die gleiche ökologische Orientierung wie er selbst verfügt. Durch die Wahl desjenigen, der sich durch $\theta_i = 0,5\widetilde{\theta}_i$ auszeichnet, macht sich der Medianwähler selbst zum Stackelberg-Führer des Politikspiels. Unabhängig vom Wahlausgang des Nachbarlandes entscheidet er sich für einen Repräsentanten, der aus seiner eigenen Sicht die Umweltproblematik unterschätzt und zwar genau um die Hälfte. Die Delegation der Umweltpolitik ist somit eine dominante Strategie.

**Proposition 2** *Im Gleichgewicht auf der ersten Stufe des Spiels gilt:*

*(i)*

$$D_i'\widetilde{\theta}_i = \frac{1}{2}. \tag{12}$$

*(ii) Gegeben eine beliebige Politik im Nachbarland delegiert der Medianwähler die umweltpolitische Entscheidung seines Landes an einen Politiker, der durch*

---

34 Der *payoff* ist zum einen konkav mit eindeutigem Maximum in $0,5\widetilde{\theta}_i$. Er fällt somit in den Präferenzen der verschiedenen wählbaren Alternativen von $\theta_i$, die sich auf der eindimensionalen Skala von 0 bis 1 anordnen lassen, auf beiden Seiten von $0,5\widetilde{\theta}_i$ monoton ab. Aus (11) folgt $\frac{\partial W_i}{\partial \theta_i} > 0$ für $0 < \theta_i < 0,5\widetilde{\theta}_i$ und $\frac{\partial W_i}{\partial \theta_i} < 0$ für $0,5\widetilde{\theta}_i < \theta_i < 1$. Zum anderen ist das Argument des Maximums $\theta^*\left(\widetilde{\theta}_i\right) = 0,5\widetilde{\theta}_i$ eine monotone Funktion in $\widetilde{\theta}_i$.

*$\theta_i < \widetilde{\theta}_i$ charakterisiert ist. Seine dominante Strategie ist durch*

$$\theta_i^* = 0,5 \cdot \widetilde{\theta}_i \tag{13}$$

*gegeben.*

**Beweis:** Maximierung des *payoff* in Land $i$ unter der Bedingung von Proposition 1 liefert (i). Wird $\theta_i$ unter der Berücksichtigung von $D_i' = \frac{1}{4\theta_i}$ so gewählt, dass $D_i' = \frac{1}{2\widetilde{\theta}_i}$, ergibt sich (ii). ■

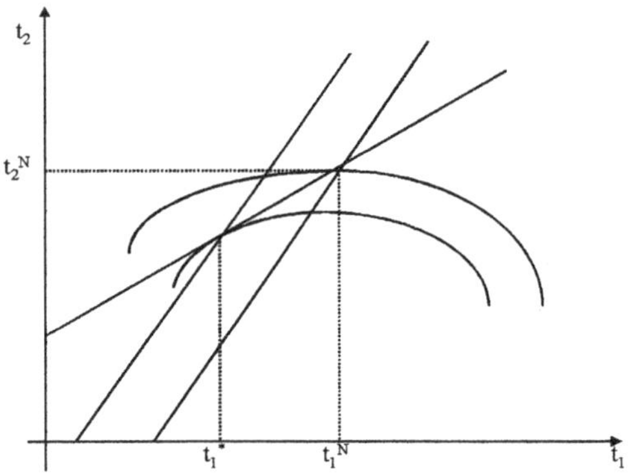


Abbildung 3.2: Das Delegationsgleichgewicht

In Abbildung 3.2 ist die Lage (nicht die Steigung) der Reaktionsfunktionen ein Maß für die Umweltpräferenzen. Ein geringerer Präferenzparameter verschiebt die Reaktionsfunktion nach links. Der *payoff* des Medianwählers im sich ergebenden Stackelberg-Gleichgewicht ist signifikant höher als im dazugehörigen Nash-Gleichgewicht $\left(t_1^N, t_2^N\right)$. Politiker, die sehr stark für den Umweltschutz engagiert sind (und die somit ein hoher Wert von $\theta_i$ charakterisiert), neigen zu umweltpolitischen Überreaktionen. Ist ein grüner Politiker an der Macht, so schießt die Umweltpolitik des Landes schon mal über das Ziel hinaus. Der Medianwähler erreicht das Stackelberg-Gleichgewicht indem er seine Entscheidung an einen Politiker delegiert, der geringere Präferenzen für den Umweltschutz des

Landes hat, als er selbst. Ein Wähler mit grüner Grundeinstellung hat somit aus strategischen Gründen einen Anreiz zu einem eher konservativen Wahlverhalten. Dies jedoch gilt nicht nur für grüne Wähler. Jeder gibt hier einem Politiker seine Stimme, der in ökologischer Hinsicht konservativer ist, als er selbst.

Auch für diesen Fall sollen Randlösungen ausgeschlossen werden, die, wie in 3.2.3 beschrieben, zu absurden Ergebnissen führen können. Hierzu bedarf es einer zusätzlichen Annahme, die ein hinreichend großes Verhältnis zwischen dem Grad der Bedeutung, die die Umwelt für den Wähler hat und dem Grad der Umweltexternalität, d.h. dem Grenzschaden, sicherstellt. Dies ist gewährleistet durch

$$D_i'\left(\frac{2}{3}\right) > \frac{1}{2\tilde{\theta}_i}\,. \tag{14}$$

**Lemma 3** *Ist die Ungleichung (14) erfüllt, werden im Gleichgewicht (mit und ohne Delegation) keine Subventionszahlungen geleistet.*

**Beweis:** Im vorliegenden Modell müssen aufgrund der symmetrischen Konstruktion auch die Ergebnisse im Gleichgewicht symmetrisch sein. Es gilt somit $t_i = t_j$ und folglich $x_i^* = x_j^*$. Aus (6) folgt $x_i^* = x_j^* = \frac{2(1-t)}{3}$. (12) und (14) stellen $t > 0$ sicher und schließen Subventionszahlungen aus. Aus (6) ist ersichtlich, dass dies auch den Fall ohne Delegation einschließt. ■

### 3.2.5 Effizienzgewinne der Delegation

Es wurde gezeigt, dass das Delegieren durch Wählen im besprochenen Fall die Rigidität der umweltpolitischen Maßnahmen entschärfen kann. Es bleibt noch die Frage zu beantworten, ob diese Delegation global zu einer Effizienzsteigerung führt, oder ob es eher dazu beiträgt die bereits vorhandenen Ineffizienzen noch weiter zu verstärken. Globale Effizienz wird hierbei als gewichtetes Optimum des *payoff* der beiden Länder definiert.

$$\max_{t_1,t_2}\left[(1-\delta)\,W_1 + \delta W_2\right], \tag{15}$$

wobei $\delta, 0 < \delta < 1$, für das Gewicht des einzelnen Landes steht. Effizienz entspricht somit einer kooperativen Lösung, die z.B. auch Seitenzahlungen zuließe.

**Proposition 3**

*(i) Die effiziente Lösung ist durch*

$$\widetilde{\theta}_1 D_1' = \frac{1}{2(1-\delta)} \textit{und } \widetilde{\theta}_2 D_2' = \frac{1}{2\delta} \tag{16}$$

*charakterisiert.*

*(ii) Delegation reduziert Ineffizienzen.*

**Beweis:** Der Beweis von (i) folgt direkt durch Maximierung des Klammerausdrucks in (15). Mit $0 < \delta < 1$ folgt $\widetilde{\theta}_i D_i' > \frac{1}{2}$ und im Vergleich mit (12) und (6) zeigt sich, dass das Delegationsgleichgewicht der effizienten Lösung näher ist als das Nash-Gleichgewicht. ■

Die Ergebnisse aus Proposition 3 sind für einen speziellen Wert von $\delta$ ($\delta = 0,5$) in Abbildung 3.3 dargestellt. Ein geringerer Wert von $\theta_i$ verschiebt die Reaktionsfunktionen parallel nach links. $t_i^N$ beschreibt das Nash-Gleichgewicht ohne Delegation und $t_i^*$ steht für eine effiziente Politik. Der Steuersatz in Land $i$, der daraus resultiert, dass der Medianwähler in beiden Ländern versucht, sich jeweils in die Position des Stackelberg-Führers zu bringen ist durch $t_i^{St}$ gekennzeichnet. $\left(t_1^{St}, t_2^{St}\right)$ beschreibt somit das Delegationsgleichgewicht. Muss der Wähler selbst über die in seinem Land durchgesetzte Politik entscheiden, so übertreffen die umweltpolitischen Anstrengungen die Anforderungen.

Warum sind nun aber die Medianwähler der beiden Länder nicht in der Lage $t_i^*$ oder wenigstens $t_i^{St}$ eigenständig, also ohne Delegation, zu implementieren, wo sie doch damit beide besser gestellt wären? Dies liegt in erster Linie daran, dass die Umweltpolitik eines Landes einen doppelten negativen Einfluss auf den Gegenüber ausübt. Zum einen wird umweltbelastende Produktion verschoben und zum anderen geht die Gesamtproduktion zurück, was den Preis des Gutes ansteigen lässt. Die Erhöhung des Steuersatzes im Inland veranlasst das Ausland dazu, ebenfalls seine Umweltsteuer zu erhöhen. Beide werden letztendlich in einem ineffizienten Nash-Gleichgewicht landen, da sich keiner zu einer anderen Präferenzordnung und somit zu keiner anderen Politik verpflichten kann. Wie aus Abbildung 3.3 ersichtlich wird, befindet sich die Stackelberg-Lösung zwischen dem Gleichgewicht ohne Delegation und der effizienten Lösung (für $\delta = 0,5$). Mit Hilfe der Delegation kann folglich im Cournot-Wettbewerb kein effizientes Ergebnis erreicht werden, trotzdem können allerdings Ineffizienzen reduziert werden. Die Delegation stellt hierbei eine Art Selbstbindung dar und ersetzt die fehlenden Selbstbindungsmechanismen der Politik.

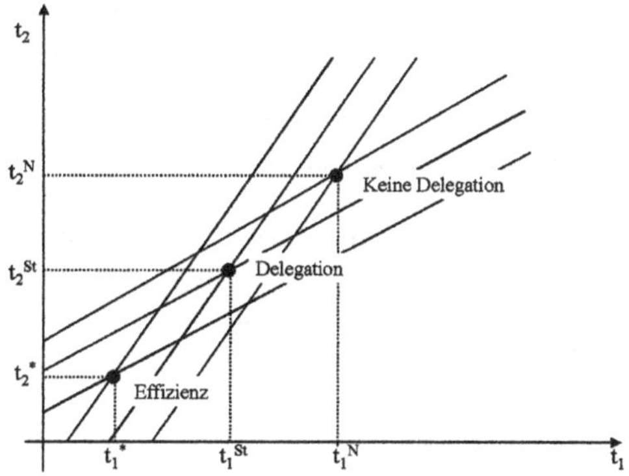


Abbildung 3.3: Das Gleichgewicht bei Effizienz

Im vorangehenden Abschnitt wurden die Auswirkungen der Delegation anhand eines relativ speziellen (ein homogenes Gut, Cournot-Wettbewerb) Beispiels analysiert. Die starke Vereinfachung des Modells erlaubt hier eine direkte Einsicht in den Mechanismus und die Struktur des Modells und liefert sehr anschauliche konkrete Resultate. Dies geht jedoch zu Lasten der Allgemeingültigkeit. Im Folgenden soll nun das Modell ein wenig erweitert werden[35]. Hierzu wird der Gütermarkt um ein weiteres Gut ergänzt. Es werden die Ergebnisse für verschiedene Wettbewerbsformen (Cournot versus Bertrand) und einen unterschiedlichen Grad von Substituierbarkeit zwischen den beiden gehandelten Gütern dargestellt.

35 Der folgende Abschnitt basiert im Wesentlichen auf Menzel (2001a).

## 3.3 Ein allgemeiner Ansatz

### 3.3.1 Der Modellrahmen

Stehen den Konsumenten statt eines homogenen Gutes mehrere Güter für den Konsum zur Verfügung, so kann sich der Konsum dieser Güter in unterschiedlichem Maße auf das Wohlergehen der Konsumenten auswirken. In welchem Grad ein Anstieg der Nachfrage zu einer Besserstellung führt soll im Weiteren durch eine Funktion des so genannten *benefit* beschrieben werden. Diese hat üblicherweise einen positiven, konkaven Verlauf. Eine entscheidende Rolle hierbei spielt auch der Grad der Substituierbarkeit zwischen den beiden Gütern. Der Fall, dass beide Güter für die Konsumenten vollkommen substituierbar sind, ist in der Analyse identisch damit, dass nur ein einziges Produkt auf dem Markt ist. Perfekte Substitute zeichnen sich dadurch aus, dass der Konsument zwischen dem Konsum des einen und des anderen Produktes vollständig indifferent ist. Insofern kann er aus der Differenziertheit der Güter keinen Nutzen ziehen. Für die Analyse macht es in diesem Fall keinen Unterschied, ob zwischen zwei unterschiedlichen, aber vollkommen substituierbaren Gütern oder einem homogenen Gut unterschieden wird. Abschnitt 3.2 stellte somit einen speziellen Fall des folgenden Modells dar.

Betrachtet man ausschließlich die Produktionsseite, so wird es wiederum Ziel eines jeden Landes sein, eine größtmögliche Menge des im Ausland produzierten Gutes zu importieren und die umweltschädigende Produktion der heimischen Industrie möglichst niedrig zu halten. Stehen der Regierung als einziges Regulierungsinstrument nur Steuern zur Verfügung, so erfordert eine Verlagerung des Konsums von dem heimischen Produkt hin zu dem im Ausland hergestellten einen möglichst hohen Steuersatz im Inland, um das heimische Gut so unattraktiv wie möglich für die Konsumenten zu machen. Dieser Preisanstieg hat aber neben Umweltverbesserungen natürlich auch einen direkten negativen Effekt auf die Konsumenten selbst, und zwar durch Reduzierung des Konsums. Der Gesamteffekt wiederum wirkt offensichtlich sehr unterschiedlich, je nach Grad der Substituierbarkeit zwischen den Gütern der heimischen und ausländischen Produktion. Im genannten Elektrizitätsbeispiel ist sicherlich von einer hohen Substituierbarkeit zwischen heimischer und im Ausland erzeugter Energie auszugehen.

Im Folgenden soll das Problem allgemein in einem einfachen 2-Länder-2-Güter-Modell dargestellt werden. Hierfür wird in einem ersten Teil (3.3.2) ein relativ allgemeiner Ansatz gewählt, um die grundsätzliche Logik der Analyse darzustellen. Detailliertere Informationen liefert der zweite Teil (3.3.3), der sich zwar durch eine starke Vereinfachung auszeichnet, dafür allerdings wiederum konkretere Einsichten erlaubt. Hier werden die Ergebnisse der Cournot-Analyse zusätzlich noch denen bei Bertrand-Wettbewerb gegenübergestellt und die Unterschiede herausgearbeitet.

### 3.3.2 Das Modell

Unsere Modellwelt besteht aus zwei offenen Volkswirtschaften, Land 1 und Land 2, bei freiem internationalen Handel. In jedem Land wird ein Gut produziert. Die Produktion verursacht einen lokalen Umweltschaden in dem Land, in dem sie getätigt wird. Die Märkte der beiden Länder seien im Folgenden näher beschrieben:

*Nachfrage:* Die Nachfrage nach Gut 1 in Land $i$ wird mit $A_i$ und die Nachfrage nach Gut 2 mit $B_i$ bezeichnet. Die Nachfrage nach den beiden Gütern ist durch folgende inverse Nachfragefunktionen charakterisiert:

$$\begin{aligned} p_A^i\left(A_i, B_i\right) &= \alpha - \gamma B_i - A_i, \\ p_B^i\left(A_i, B_i\right) &= \alpha - \gamma A_i - B_i, \quad i = 1, 2. \end{aligned} \tag{17}$$

$\gamma, |\gamma| \leq 1$, misst hierbei den Grad der Substituierbarkeit zwischen den beiden Gütern. Eine fundierte Herleitung solcher Nachfragefunktionen findet sich bei Singh und Vives (1984). Ist $\gamma$ positiv, so sind die beiden Güter zueinander substituierbar. Ein negativer Wert von $\gamma$ steht für komplementäre Güter. Ist der Betrag von $\gamma$ genau 1, so liegen perfekte Substitute bzw. perfekte Komplemente vor.

*Angebot:* In jedem Land existiert ein einziges Unternehmen, das seine Produktion auf beiden Märkten anbietet. $X_i$ bezeichnet hierbei das Angebot des Unternehmens in Land 1 auf dem Markt von Land $i$ und $Y_i$ das Angebot des Unternehmens in Land 2 auf dem jeweiligen Markt des Landes $i$. Jedes Unternehmen maximiert seinen Gewinn

$$\max \Pi_1 = R_1 - t_1 (X_1 + X_2), \text{ bzw.} \tag{18}$$
$$\max \Pi_2 = R_2 - t_2 (Y_1 + Y_2)$$

über seine jeweilige strategische Variable. Bei Cournot-Wettbewerb sind dies die Outputmengen, bei Bertrand-Wettbewerb die Preise der Güter. $R_i$ steht dabei für die Verkaufserlöse des jeweiligen Unternehmens auf beiden Märkten. $t_i$ ist die (Öko-)Steuer auf den Input der Produktion in Land $i$. Aus Vereinfachungsgründen wird die Steuer als einziger Kostenfaktor der Produktion angenommen. Um (konstante) Grenzkosten der Produktion in das Modell mitaufzunehmen, kann man $t_i$ auch als Gesamtkostenparameter uminterpretieren, der sowohl die Kosten der Produktion sowie die Kosten der Umweltpolitik, also den Steuerbetrag abdeckt. Der Staat beeinflusst hierbei durch seine Umweltpolitik direkt die Grenzkosten der Unternehmen. Die strategische Variable des Staates wäre hierbei nach wie vor der Steuersatz, die Entscheidungsgröße der analytischen Darstellung jedoch der Grenzkostenparameter. Da diese Interpretation jedoch keine zusätzlichen Einsichten liefert, soll im Weiteren auf eine genauere Beschreibung der Kosten verzichtet werden, und wir nehmen an, dass neben dem Steuersatz $t_i$ keine weiteren Kosten bei der Produktion entstehen.

Die Regierung eines jeden Landes maximiert ihren jeweiligen *payoff* durch Implementierung des optimalen Umweltsteuersatzes. In repräsentativen Demokratien werden die Regierungen durch Wahl bestimmt. Wie die Bezeichnung „repräsentativ" bereits angibt, stellen die an der Macht befindlichen Politiker jeweils nur die Repräsentanten des Wahlvolkes dar. Der Politiker, der eine Entscheidung zu treffen hat tut dies als Stellvertreter seiner Wählerschaft. Unter dem Prinzip des Mehrheitswahlrechts ist es also eigentlich der Medianwähler, der über die praktizierte Politik entscheidet. Allerdings entscheidet er nicht direkt, sondern durch Abgabe seines Stimmzettels. Die Wahl eines Politikers stellt somit nichts anderes als die Delegation der Politikentscheidung an den Gewählten dar. Bei der Wahl jedoch kann der Medianwähler frei entscheiden ob er seine Stimme jemandem gibt, der mit seiner eigenen Präferenzordnung übereinstimmt oder nicht. Fällt seine Wahlentscheidung auf jemanden, der über eine andere Präferenzordnung verfügt als er selbst, so ist dies auf strategische Gründe zurückzuführen.

Hinter der Absicht, einem Delegierten die Entscheidungsgewalt zu übertragen, verbirgt sich die Strategie, durch gezielte Auswahl des Entscheidungsträgers ein gewünschtes Ziel im internationalen Politikspiel durchzusetzen. Bei eigener Entscheidungsbefugnis wäre dies gegebenenfalls nicht erreichbar, da auch die eigene Präferenzordnung allen Beteiligten bekannt ist und man sich nicht auf ein beliebiges Ziel festlegen kann. Die Delegation erhöht die Macht des Delegierenden gegenüber seinem Gegenspieler, indem es den Strategieraum zusätzlich erweitert und von der eigenen Präferenzordnung abweichende (Droh-)Strategien glaubhaft macht.

Unser Entscheidungsspiel beinhaltet wiederum insgesamt drei Stufen. Auf der ersten Stufe delegiert der Medianwähler seine Politikentscheidung an einen Politiker, der auf der zweiten Stufe des Spieles die aus seiner Sicht optimale Politik implementiert. Ist die Politikentscheidung getroffen, treten die Unternehmen auf den beiden Märkten in den Wettbewerb ein und legen ihr gewinnmaximales Outputniveau bzw. ihre gewinnmaximalen Preise fest. Wie gewöhnlich ist das mehrstufige Spiel per Rückwärtsinduktion zu lösen.

- *1. Stufe:* Delegation durch den Medianwähler

  Auf der ersten Stufe des Spiels kann der Medianwähler, der sich selbst durch seine eigene Umweltpräferenz $\widetilde{\theta}_i$ auszeichnet, frei entscheiden, ob er einen Politiker wählt, der durch seine eigene Präferenzordnung charakterisiert ist oder ob er sich lieber für einen von seiner Präferenzordnung abweichenden Politiker entscheidet. Insofern bestimmt der Medianwähler durch seine Wahl bzw. durch seine Delegation den für ihn optimalen Wert $\theta_i$.

- *2. Stufe:* Die Regierungen entscheiden über ihre Politikstrategie

  Auf der zweiten Stufe des Spiels maximiert die gewählte Regierung in jedem Land ihren *payoff*

$$\begin{aligned} W_1 &= v_1(A_1) + V_1(B_1) - \theta_1 D_1(X_1 + X_2) \\ W_2 &= v_2(A_2) + V_2(B_2) - \theta_2 D_2(Y_1 + Y_2) \end{aligned} \tag{19}$$

wobei die Terme $v_i$ und $V_i$ den additiv separablen *benefit* der bis auf $\theta_i$ identischen Konsumenten darstellen. Dieser wird durch den Konsum der beiden Güter in Land $i$ erzeugt, wobei $v_i', V_i' > 0$, $v_i'', V_i'' < 0$[36]. Der Umweltpräferenzparameter $\theta_i$ ist hierbei, wie oben erwähnt, die einzige Unterscheidungsgröße zwischen den Konsumenten. Der gesamte *payoff* setzt sich somit aus dem *benefit* der Konsumenten abzüglich des Umweltschadens, den die heimische Produktion verursacht, zusammen. Da das Unternehmertum gewöhnlich eine Minderheit innerhalb der wahlberechtigten Bevölkerung darstellt, spielt es auch keine substanzielle Rolle bei der Wahlentscheidung des Medianwählers. Unternehmensgewinne können somit bei der Delegationsentscheidung sowie der Politikbestimmung vernachlässigt werden. Sie tauchen aus diesem Grund nicht im *payoff* (19) der Regierung auf. Der Schaden wird durch die konvexe, objektive Schadensfunktion $D_i$ dargestellt. $\theta_i$ repräsentiert dabei die subjektiven Umweltpräferenzen des politischen Entscheidungsträgers. Der industrielle Einfluss auf die Umweltschäden wird unterschiedlich stark bewertet. Ein hoher Wert von $\theta_i$ repräsentiert hierbei einen Politiker, der sehr starke Präferenzen für eine saubere Umwelt hat. Ein niedriges $\theta_i$ steht für eine Regierung, die dem Umweltschaden eine eher geringe Bedeutung beimisst.

- *3. Stufe:* Wettbewerb der Unternehmen.

  Auf der letzten Stufe des Spiels maximieren die Unternehmen ihre Gewinne. Das Nash-Gleichgewicht liefert sowohl unter Cournot- als auch unter Bertrand-Wettbewerb die optimalen Outputmengen sowie die dazugehörigen Gleichgewichtspreise.

Auf der dritten und letzten Stufe des Spiels stehen die Unternehmen der beiden Länder miteinander im Wettbewerb. Die strategische Variable der Unternehmen im Mengenwettbewerb (Cournot) ist hierbei die Angebotsmenge für die beiden Märkte. Die Unternehmen maximieren ihre jeweilige Gewinnfunktion

$$\begin{aligned} \Pi_1 &= p_A^1 X_1 + p_A^2 X_2 - t_1 (X_1 + X_2), \\ \Pi_2 &= p_B^1 Y_1 + p_B^2 Y_2 - t_2 (Y_1 + Y_2), \end{aligned} \tag{20}$$

wobei $X_i$ die Angebotsmenge des Unternehmens aus Land 1 auf dem Markt des Landes $i$ darstellt und $Y_i$ das Angebot von Unternehmen 2 auf dem Markt $i$.

[36] Es gelten wiederum die Inada-Bedingungen $\lim_{A_k \longrightarrow 0} v_i'(A_k) = 0$, $\lim_{B_k \longrightarrow 0} V_i'(B_k) = 0$ sowie analog für $D_i'$.

Da $A$ (bzw. $B$) die Nachfrage nach Gut $X$ (bzw. $Y$) repräsentiert, können die Unternehmen ihre Produktion zu dem sich aus (17) ergebenden Preis absetzen.

**Lemma 4** *Das Cournot-Nash-Gleichgewicht auf der letzten Stufe des Spiels ist*

$$X_1^* = X_2^* = \frac{2(\alpha - t_1) - \gamma(\alpha - t_2)}{4-\gamma^2} \qquad Y_1^* = Y_2^* = \frac{2(\alpha - t_2) - \gamma(\alpha - t_1)}{4-\gamma^2}$$
$$p_A^{1*} = p_A^{2*} = \frac{\alpha(2-\gamma) + t_1\left(2-\gamma^2\right) + \gamma t_2}{4-\gamma^2} \quad p_B^{1*} = p_B^{2*} = \frac{\alpha(2-\gamma) + t_2\left(2-\gamma^2\right) + \gamma t_1}{4-\gamma^2}, \tag{21}$$

*wobei $p_A^*(p_B^*)$ der Gleichgewichtspreis von Gut $X_i(Y_i)$ auf beiden Märkten ist.*

**Beweis:** Im Gleichgewicht ist das Angebot gleich der Nachfrage, $A_i = X_i$ und $B_i = Y_i$. Maximierung der Gleichungen (20) unter Berücksichtigung von (17) liefert die linearen Reaktionsfunktionen der Unternehmen

$$\begin{aligned} X_i &= \frac{1}{2}(\alpha - \gamma Y_i - t_1), \\ Y_i &= \frac{1}{2}(\alpha - \gamma X_i - t_2), \end{aligned} \tag{22}$$

$i = 1, 2$. Es ist offensichtlich, dass sowohl Produktionsmengen als auch Preise aufgrund der symmetrischen Struktur unseres Modells ebenfalls symmetrisch sind. Das Nash-Gleichgewicht ergibt sich direkt aus den Schnittpunkten der Reaktionsfunktionen aus (22). ■

Aus (22) wird sofort ersichtlich, dass die Steigung der Reaktionsfunktionen der Unternehmen nur von $\gamma$ abhängt. $\gamma$ steht ja für den Grad der Substituierbarkeit in der Nachfrage. Zeichnet sich die Nachfrage durch einen hohen Grad an Substituierbarkeit aus, ist also $\gamma > 0$, so verlaufen die Reaktionsfunktionen der Unternehmen fallend. Für die Produzenten stellen in diesem Fall die Outputvariablen strategische Substitute dar, d.h. genau für den Fall, dass auch die nachgefragten Mengen Substitute sind. Das Gegenteil trifft für einen negativen Wert von $\gamma$, $\gamma < 0$, zu, für den die Nachfrage komplementär ist. Für $\gamma = 0$ besteht keine Verbindung zwischen der Nachfrage der beiden Güter, da es sich in diesem Fall offensichtlich um zwei vollkommen separate Märkte in den beiden Produkten handelt.

Folgt man der Definition von Bulow et al. (1985), so bedeutet Substituierbarkeit der Nachfrage, dass die beste Antwort auf ein aggressiveres Auftreten des Mitwettbewerbers darin besteht, sich selbst weniger aggressiv zu verhalten. Eine höhere Produktion im Ausland reduziert den heimischen Grenzgewinn und ein Gewinnoptimum erfordert einen Rückgang der eigenen Produktion. Das Gegenteil resultiert wiederum für den Fall von Komplementen.

Auf der zweiten Stufe des Entscheidungsprozesses sind die Ergebnisse des Nash-Gleichgewichtes den beteiligten Akteuren bekannt. Die Regierung in Land $i$, die sich durch den Umweltpräferenzparameter $\theta_i$ auszeichnet, wählt unter Berücksichtigung des Ergebnisses der dritten Stufe, das für sie optimale Niveau ihrer Politikvariable, d.h. den Umweltsteuersatz, der ihren eigenen *payoff* maximiert.

**Proposition 4** *Sind die Nachfragen zueinander substituierbar* ($\gamma > 0$), *so sind die Steuern bei vorliegendem Cournot-Wettbewerb strategische Komplemente. Ist die Nachfrage komplementär* ($\gamma < 0$) *sind Steuern strategische Substitute.*

**Beweis:** Maximierung von $W_1$ aus (19) über $t_1$ unter Berücksichtigung der Ergebnisse auf der letzten Stufe des Spiels liefert die implizite Reaktionsfunktion für Land 1

$$\frac{1}{4-\gamma^2}\left[\gamma V_1' - 2v_1' + 4\theta_1 D_1'\right] = 0. \tag{23}$$

Implizites Differenzieren ergibt die Steigung der Reaktionsfunktion

$$\frac{\partial t_1}{\partial t_2} = \frac{2\gamma\left(v_1'' + V_1'' - 4\theta_1 D_1''\right)}{4v_1'' + \gamma^2 V_1'' - 16\theta_1 D_1''}, \tag{24}$$

welche streng monoton steigend verläuft falls $\gamma > 0$. Im Nenner steht die Bedingung zweiter Ordnung, die negativ ist. Der Klammerausdruck im Zähler ist ebenfalls negativ aufgrund der Konkavität der Funktionen die den *benefit* darstellen sowie der Konvexität der Schadensfunktion. Vollkommen analog ergibt sich die Reaktionsfunktion des anderen Landes und somit auch deren Steigung. Ist $\gamma > 0$, d.h. sind die Güter substituierbar, so veranlasst ein hohes Steuerniveau des einen Landes auch das Nachbarland, seine Steuern auf hohem Niveau zu halten. Steuern stellen somit strategische Komplemente der Regierungen dar. Erhöht das eine Land seinen Steuersatz, so zieht das andere Land als Reaktion darauf nach und vice versa für $\gamma < 0$. ■

Da die Länder bei unabhängiger Entscheidung ihren Einfluss auf das Nachbarland nicht berücksichtigen, muss das Nash-Gleichgewicht ineffizient sein. Sind die Steuern zueinander komplementär, so liefert das Nash-Ergebnis zu hohe Steuersätze für beide Länder. Jedes Land hat für sich ein Interesse, den Steuersatz zu senken.

Was aber passiert, wenn z.B. bei Substituten ($\gamma > 0$) Land 1 seine Steuer einseitig ein wenig senkt und vom Nash-Gleichgewicht abweicht? Die beste Antwort des Gegenübers ist es, seine Steuer ebenfalls zu senken. Beide Länder wären dadurch bessergestellt. Gegeben dieser Reaktion des Nachbarlandes hat nun aber Land 1 wiederum einen Anreiz, von obiger Politik abzuweichen, da es sich besserstellen könnte, indem es, gemäß seiner Reaktionsfunktion, einen Steuersatz zwischen dem angekündigten und dem des Nash-Gleichgewichtes wählt. Die damit einhergehende Erhöhung des nationalen *payoff* geht zu Lasten des anderen Landes und bewirkt wiederum eine Gegenreaktion. Dieser Prozess wird so lange weitergehen, bis sich wiederum das Nash-Gleichgewicht eingestellt hat. Nur im Nash-Gleichgewicht hat keiner der Beteiligten einen Anreiz, von seiner Politik abzuweichen. Das Problem hierbei, bzw. die Ursache der Ineffizienz ist, dass sich die Länder nicht glaubhaft an eine bestimmte Politikstrategie binden können. Jede Politikentscheidung, die vom Nash-Gleichgewicht abweicht, wird vom Gegenüber sofort als nicht glaubwürdig erkannt. Aufgrund der gegebenen vollkommenen Information des Spieles kann ein Beteiligter jeweils unmittelbar den nächsten Schritt des Gegenübers antizipieren.

Sind die Güter komplementär und die Steuern dementsprechend strategische Substitute, so haben beide Länder ein Interesse daran, einen höheren Steuersatz als den des Nash-Ergebnisses zu implementieren, sind aber wiederum aufgrund fehlender Selbstbindungsmechanismen nicht dazu in der Lage.

Das Ergebnis ist in allen Fällen ein klassisches Gefangenendilemma, aus dem man sich nicht ohne weiteres selbst befreien kann. Ein Entrinnen ist nur durch

Modifikation der Reaktionskurven zu erreichen. Das Ziel eines jeden Landes wird es folglich sein, das Stackelberg-Gleichgewicht zu erreichen. Dabei wird die Position angestrebt, in der es selbst Stackelberg-Führer wird und der Nachbar Stackelberg-Folger. Dies führt durch die stärkere Machtposition zu einem höheren *payoff* des Führers. Da sich jedoch keines der Länder in der Position eines Stackelberg-Führers befindet, kann eine Verschiebung des Gleichgewichts nur durch veränderte Präferenzen der Entscheidungsträger erreicht werden. In (23) ist ein geeigneter Kandidat hierfür einzig und allein der Präferenzparameter $\theta_i$. Eine Veränderung von $\theta_i$ bewirkt somit auch eine Veränderung der Reaktionsfunktion des Landes $i$. Um de facto den Stackelberg-Punkt zu erreichen müsste demgemäß nur der Präferenzparameter optimal gewählt werden. Dieser jedoch ist das Charakteristikum des entscheidenden Politikers und eine Änderung von $\theta_i$ heißt ein Austauschen des Entscheidungsträgers. Es muss also nur der „richtige" Politiker gewählt werden, um die Stackelberg-Position einzunehmen. Optimales Wahlverhalten zeichnet sich also dadurch aus, denjenigen an die Macht zu wählen, der aufgrund seiner Präferenzordnung geeignet ist, einen vom „eigenen Nash-Gleichgewicht" abweichenden Steuersatz durchzusetzen. Es ist für den Wähler optimal, jemanden zu wählen, der nicht mit der eigenen Präferenzordnung übereinstimmt. Hierin besteht die glaubhafte Bindung an die Stackelberg-Strategie.

Welcher Politiker nun der geeigneteste ist, um den eigenen *payoff* zu maximieren, d.h., für welches $\theta_i$ der Medianwähler stimmen sollte, wird im nächsten Abschnitt an einem spezielleren und somit leicht vereinfachten Modell dargestellt. Zuerst soll hierbei noch einmal genauer der Fall des Cournot-Wettbewerbs dargestellt werden. Im Anschluss werden die Ergebnisse mit denen bei Bertrand-Wettbewerb verglichen.

### 3.3.3 Vereinfachte Darstellung

#### 3.3.3.1 Cournot-Wettbewerb

Im Vergleich zum obigen Abschnitt wird nun zur Vereinfachung der *benefit* als linear angenommen, d.h. die Nachfrage geht eins zu eins in die Funktion des *payoff* ein. Sicherlich ist eine Aggregation verschiedener Güter eher problematisch. Dies soll allerdings hier zugunsten eines besseren Verständnisses der Ergebnisse in Kauf genommen werden. In der allgemeineren, und dadurch auch plausibleren Darstellung des Modells im vorhergehenden Abschnitt wurde ein

Erklärungsansatz für Anreize zu strategischem Verhalten gegeben. Es wurde gezeigt, dass sich der Wähler durch gezieltes strategisches Wählen in eine bessere, d.h. mächtigere Marktposition manövrieren kann. Durch die richtige Entscheidung kann er sich sogar zum de facto Stackelberg-Führer gegenüber dem Ausland erheben.

In diesem Abschnitt soll nun näher auf die Details der Analyse eingegangen werden, insbesondere auf die Details der Delegation. Wie stark unterscheiden sich die Präferenzen des Delegierenden und des Delegierten und wovon ist dies im Einzelfall abhängig? Als einzige Vereinfachung wird hier folgende zusätzliche Annahme getroffen:

$$v_i\left(A_k\right) = A_k \text{ und } V_i\left(B_k\right) = B_k, \qquad i,k = 1,2. \tag{25}$$

Dementsprechend lauten die Funktionen des *payoff* auf der zweiten Stufe des Spiels

$$\begin{aligned} W_1 &= A_1 + B_1 - \theta_1 D_1\left(X_1 + X_2\right) \\ W_2 &= A_2 + B_2 - \theta_2 D_2\left(Y_1 + Y_2\right). \end{aligned} \tag{26}$$

Der *payoff* des Landes $i$ besteht somit aus dem aggregierten Konsum abzüglich des mit $\theta_i$ bewerteten Umweltschadens. Die Lösung des Spiels erfolgt wiederum per Rückwärtsinduktion und liefert selbstverständlich auf der letzten Stufe des Spiels das bereits in (21) ermittelte Nash-Gleichgewicht in Abhängigkeit der Steuersätze $t_i$.

**Proposition 5** *Die Reaktionsfunktionen sind linear mit Steigung* $\frac{\gamma}{2}$.

**Beweis:** Maximierung von (26) unter Berücksichtigung der Ergebnisse des Nash-Gleichgewichts der letzten Stufe liefert die impliziten Reaktionsfunktionen

$$D_i'\theta_i = \frac{2-\gamma}{4}. \tag{27}$$

Implizites Differenzieren ergibt die Steigung der Reaktionsfunktionen

$$\frac{\partial t_i}{\partial t_j} = \frac{\gamma}{2}. \tag{28}$$

■

Die Interpretation der Ergebnisse erfolgt analog zu Proposition 1. Die Reaktionsfunktionen verlaufen streng monoton zunehmend für $\gamma > 0$ und fallend für negative Werte von $\gamma$. Wiederum sind Steuern strategische Komplemente für den Fall von Substituten der Nachfrage und umgekehrt. Sind die nachgefragten Mengen leicht substituierbar, d.h. liegt ein hoher Wert von $\gamma$ vor, so sind geringe Preisänderungen mit starken Auswirkungen auf den Konsum verbunden. Der Preisanstieg der Produkte in einem Land führt zu einer Konsumverlagerung weg von den Produkten dieses Landes hin zu denen des Nachbarlandes. Eine Politikveränderung, d.h. ein veränderter Steuersatz, hat aber gerade einen direkten Einfluss auf die Preise der jeweiligen Güter. Der umweltpolitische Aspekt der Besteuerung versucht diesen Substitutionseffekt auszunutzen und durch einen erhöhten Preis den Konsum der heimischen Produkte zu senken und ihn durch die Nachfrage nach ausländischen Gütern zu kompensieren.

Der zweite Effekt neben dem Substitutionseffekt ist ein Effekt, der direkt auf die Kaufkraft der Konsumenten wirkt. Dieser ist ausschließlich negativ durch die Reduzierung des aggregierten Konsums. Der optimale Steuersatz aus Sicht des Staates ist somit das Ergebnis dieses *trade off* zwischen Umweltbelastung und *benefit*. Selbstverständlich gilt diese Erklärung in gleichem Maße für das Nachbarland. Auch hier wird versucht, umweltschädigende Produktion fern der Heimat zu halten. Dies kann wiederum mit einer eigenen Umweltsteuer erreicht werden. Da nun aber beiden Ländern nicht nur ihr eigenes Interesse an einer sauberen Umwelt, sondern auch das des Nachbarlandes bekannt ist, muss dies bei der Implementierung der Steuerpolitik berücksichtigt werden. Zu dem (Pigou'schen) Steuerniveau muss die optimale Umweltsteuer eine weitere Komponente beinhalten, die der Verlagerungspolitik des Auslandes entgegenwirkt. Letztendlich stellt sich somit, wenn sich beide Länder derart verhalten, ein viel zu hohes und von niemandem gewünschtes Steuerniveau ein. Genauer wurde dies bereits in Abschnitt 3.2 für den Fall perfekter Substitute gezeigt.

Eine einseitige Steuersenkung zur Effizienzsteigerung führt zu weiteren Wohlfahrtsverlusten. Dies wäre nur dann wünschenswert, wenn es zuverlässig in beiden Ländern durchgeführt würde. Dieses Ergebnis kann aber aufgrund mangelnder Stabilität ausschließlich für den Fall erreicht werden, dass sich die Länder verbindlich an ein bestimmtes Niveau binden können. So lange für den Einzelnen Anreize bestehen, diese Politik zu verlassen, d.h., dass sich der einzelne bei einer Abweichung besserstellen könnte, ist eine Zusage zur Steuerreduktion wenig glaubhaft.

Sind die nachgefragten Güter eher komplementär, so bewirkt ein Nachfragerückgang nach dem einen Gut auch einen Rückgang der Nachfrage und somit der Produktion des im Ausland produzierten Gutes. Heimische Umweltpolitik, d.h. ein hoher Umweltsteuersatz, bewirkt zunächst die gleichen Effekte, welche sich auch bei Substituten ergeben. Zum einen ist der gewünschte Rückgang der heimischen Produktion durch eine Verteuerung des Gutes zu beobachten, zum anderen bewirkt die Politik eine Verringerung der Kaufkraft. Dies trifft wiederum für beide Länder zu. Der Unterschied besteht lediglich in den grenzüberschreitenden Auswirkungen der Politikmaßnahme.

Während im ersten Fall die heimische Politik die Nachfrage nach ausländischen Gütern ankurbelte, bewirkt sie nun einen Rückgang dieser Nachfrage. Die Regierung kann dem nur durch ein Senken des dortigen Steuersatzes entgegenwirken um so den Preisanstieg des Komplements auszugleichen. Diesen Anreiz haben nun wieder beide Regierungen und letztendlich wird sich ein für beide zu niedriges Steuerniveau einstellen. Wiederum ist es dem einzelnen nicht möglich, sich ohne weiteres aus diesem Gefangenendilemma zu befreien.

**Proposition 6**

*(i) Die optimale Delegation ist eine dominante Strategie mit* $\theta_i^* = \left(1 - \frac{\gamma}{2}\right) \widetilde{\theta}_i$.

*(ii) Sind die nachgefragten Mengen Substitute, so hat der Medianwähler einen Anreiz, seine Politikentscheidung an einen Politiker zu delegieren, der sich durch eine schwächere Umweltpräferenz* $\theta_i$ *als der Medianwähler selbst auszeichnet,* $\theta_i < \widetilde{\theta}_i$. *Für den Fall von Komplementen ist der delegierte Politiker „grüner" als der delegierende Wähler.*

**Beweis:** Der *payoff* des Medianwählers $\widetilde{\theta}_1$ in Land 1 ist gegeben durch $W_1 = A_1 + B_1 - \widetilde{\theta}_1 D\left(X_1 + X_2\right)$, wobei die gesamte Nachfrage wie auch die gesamte

Produktion in diesem Land von der Politik des delegierten Politikers und somit von $\theta_1$ abhängt. Maximierung des *payoff* über $\theta_1$ in Land 1 liefert

$$\frac{\partial A_1}{\partial t_1} + \frac{\partial A_1}{\partial t_2}\frac{\partial t_2}{\partial t_1} + \frac{\partial B_1}{\partial t_1} + \frac{\partial B_1}{\partial t_2}\frac{\partial t_2}{\partial t_1} = \widetilde{\theta}_1 D_1' \left(\frac{\partial X}{\partial t_1} + \frac{\partial X}{\partial t_2}\frac{\partial t_2}{\partial t_1}\right). \tag{29}$$

Die partiellen Ableitungen von $A_1$ und $B_1$ ergeben sich hierbei aus den Ableitungen der Ergebnisse des Nash-Gleichgewichts (21), da im Gleichgewicht gilt: $A_1 = X_1^*$ und $B_1 = Y_1^*$. $\frac{\partial X_1}{\partial t_1}$ folgt ebenso direkt aus (21). Mit (28) reduziert sich die Bedingung erster Ordnung (29) sofort auf

$$D_1'\widetilde{\theta}_1 = 0,5. \tag{30}$$

Vollkommen analog liefert die optimale Delegation in Land 2 $D_2'\widetilde{\theta}_2 = 0,5$. Aus (27) und (30) folgt

$$\theta_i^* = \left(1 - \frac{\gamma}{2}\right)\widetilde{\theta}_i. \tag{31}$$

Die optimale Delegation hängt somit ausschließlich von $\gamma$ ab und stellt eine dominante Strategie dar. Dies zeigt (i). Ist $\gamma > 0$, so ist $0,5 < \left(1 - \frac{\gamma}{2}\right) < 1$ und es gilt somit $\theta_i^* < \widetilde{\theta}_i$. Der beste Delegierte verfügt somit über eine geringere Umweltpräferenz als der Medianwähler. Bei Komplementen $(\gamma < 0)$ ist der Klammerausdruck in (31) größer als eins und der Delegierte hat eine höhere Umweltpräferenz, ist also „grüner“. Dies ist die Aussage von (ii). ■

Aus (29) geht hervor, dass eine Steuererhöhung zu Hause keinen Einfluss auf den Konsum der im Ausland produzierten Güter hat, da $\frac{\partial B_1}{\partial t_1} + \frac{\partial B_1}{\partial t_2}\frac{\partial t_2}{\partial t_1} = 0$. Zum einen wirkt der erhöhte Steuersatz zwar positiv auf die Nachfrage, falls die Güter zueinander substituierbar sind. Zum anderen erhöht sich aber gleichzeitig auch der ausländische Steuersatz als Reaktion, was sich wiederum negativ auf die Nachfrage auswirkt. Beide Effekte gleichen sich hier gerade aus. Bei Komplementen wirken die Effekte genau wieder umgekehrt, heben sich aber auch hier wieder gegenseitig auf.

Im Vergleich zu Gleichung (27) erfordert (30) ein höheres Outputniveau für $\gamma > 0$ aufgrund des streng monoton steigenden Verlaufs der Schadensfunktion.

Ein niedrigerer Steuersatz führt zu einer erhöhten Produktion. Dieser kann nur durch einen Regulator implementiert werden, der sich durch eine geringere Umweltpräferenz auszeichnet. Das Gegenteil ergibt sich für den Fall des Vorliegens von Komplementen. Es ist offensichtlich, dass die Delegation eine dominante Strategie darstellt, da Gleichung (31) nicht von der Delegation des Nachbars, also nicht von $\widetilde{\theta}_2$ abhängig ist.

Bei Vorliegen von perfekten Substituten ($\gamma = 1$), ist es die beste Strategie, für jemanden zu stimmen, der nur „halb so grün" wie man selbst ist. Dies stimmt mit den Ergebnissen des Abschnitts 3.2 überein. Je kleiner $\gamma$, d.h. je geringer der Grad der Substituierbarkeit der nachgefragten Güter, desto grüner der Delegierte. Indem der Medianwähler für jemanden stimmt, der über eine andere Präferenzordnung wie er selbst verfügt, bindet er sich glaubhaft an die gewünschte Politikstrategie. Stimmt er z.B. für einen weniger grünen Politiker, so bindet er sich glaubhaft an eine weniger aggressive (Steuer-)Politik gegenüber dem Nachbarland im Vergleich zum Nash-Ergebnis. Dies wäre nicht möglich, müsste er selbst diese Politik implementieren.

Sind die Nachfragen Substitute, so bewirkt ein erhöhtes Steuerniveau eine Produktionsverlagerung und somit eine Verlagerung der Verschmutzung ins Ausland. Eine Steuererhöhung schädigt das Nachbarland und wird zum Durchsetzen einer so genannten NIMBY-Strategie benutzt. Da sich letztendlich beide Regierungen so verhalten werden, enden sie in einem Gefangenendilemma, in dem die Steuern jedes Einzelnen unter Effizienzgesichtspunkten zu hoch sind. Strategisches Wählen eröffnet dem Medianwähler in jedem Land die Chance, eine de facto Stackelberg-Position einzunehmen, indem er einen weniger umweltorientierten Politiker wählt. Dies wird in Abbildung 3.4 für den Fall von Komplementen bei der Nachfrage dargestellt.

Bei Nachfragekomplementen sind die Steuersätze strategische Substitute und die staatlichen Reaktionsfunktionen haben einen streng monoton fallenden Verlauf. Das Nash-Gleichgewicht ist in der Abbildung mit $(t_1^N, t_2^N)$ bezeichnet. Delegation an jemanden mit höheren Präferenzen für die Umwelt verschiebt die Reaktionsfunktion dieser Regierung nach rechts. Das neue Gleichgewicht befindet sich im neuen Schnittpunkt der Reaktionsfunktionen und ergibt für Land 1

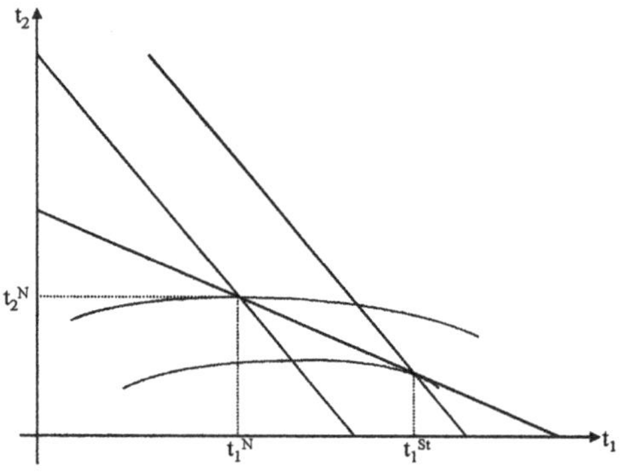


Abbildung 3.4: Stackelberg-Führerschaft durch Delegation

einen Steuersatz $t_1^{St}$, in dem dieses Land de facto Stackelberg-Führer ist. Land 1 ist dadurch deutlich besser gestellt, da sich das neue Gleichgewicht auf einer für das Land besseren Indifferenzkurve befindet. Ersichtlicherweise wird sich Land 2 dementsprechend verhalten und die Steuersätze im endgültigen Gleichgewicht werden zwischen den Nash- und Stackelberg-Lösungen liegen. Für Nachfragesubstitute stellen die Steuersätze strategische Komplemente dar und eine Steuererhöhung reduziert zwar die heimische, führt aber gleichzeitig zu einem Anstieg der ausländischen Produktion. Für das Nachbarland entsteht daraus ein Anreiz, dieser Politik entgegenzuwirken, in dem es seinen eigenen Steuersatz ebenso erhöht. Verhalten sich wiederum beide Länder derartig, so zeichnet sich das Nash-Gleichgewicht durch ein, aus der Sicht des einzelnen Landes, zu hohes Steuerniveau aus. Für den Medianwähler ist es nun sinnvoll, einen weniger „grünen" Politiker zu wählen.

Diese Ergebnisse gelten ausschließlich unter der Annahme eines vorliegenden Cournot-Wettbewerbs. Unterschieden wurde hierbei lediglich zwischen Substituten und Komplementen der Nachfrage. Ob und wenn ja, welche Rolle die Wettbewerbsform hierbei spielt wird im nächsten Abschnitt untersucht.

### 3.3.3.2 Bertrand-Wettbewerb

Falls die Unternehmen in den Preisen statt in den Mengen konkurrieren, lässt sich die Nachfrage aus Gleichung (17) folgendermaßen darstellen:

$$\begin{aligned} A_i &= \frac{\alpha(1-\gamma)+\gamma p_B^i - p_A^i}{1-\gamma^2}, \\ B_i &= \frac{\alpha(1-\gamma)+\gamma p_A^i - p_B^i}{1-\gamma^2}. \end{aligned} \tag{32}$$

Die Unternehmen maximieren auch hier ihre Gewinne

$$\begin{aligned} \max_{p_1,p_2}\Pi_1 &= p_A^1 X_1 + p_A^2 X_2 - t_1(X_1+X_2), \\ \max_{p_1,p_2}\Pi_2 &= p_B^1 Y_1 + p_B^2 Y_2 - t_2(Y_1+Y_2), \end{aligned} \tag{33}$$

wobei $X_i$ wiederum das Angebot von Unternehmen 1 und $Y_i$ das Angebot von Unternehmen 2 in Land $i$ bezeichnet.

**Lemma 5** *Das Bertrand-Nash-Gleichgewicht auf der letzten Stufe des Spiels ist gegeben durch:*

$$\begin{array}{ll} p_A^{i*} = \frac{\alpha(1-\gamma)}{2-\gamma} + \frac{2t_1+\gamma t_2}{4-\gamma^2} & p_B^{i*} = \frac{\alpha(1-\gamma)}{2-\gamma} + \frac{2t_2+\gamma t_1}{4-\gamma^2} \\ X_i^* = \frac{\alpha}{(1+\gamma)(2-\gamma)} + \frac{\gamma t_2-(2-\gamma^2)t_1}{(1-\gamma^2)(4-\gamma^2)} & Y_i^* = \frac{\alpha}{(1+\gamma)(2-\gamma)} + \frac{\gamma t_1-(2-\gamma^2)t_2}{(1-\gamma^2)(4-\gamma^2)}. \end{array} \tag{34}$$

**Beweis:** Maximierung von (33) liefert die linearen Reaktionsfunktionen

$$\begin{aligned} p_A^i &= \frac{1}{2}\left[\alpha(1-\gamma)+\gamma p_B^i + t_1\right], \\ p_B^i &= \frac{1}{2}\left[\alpha(1-\gamma)+\gamma p_A^i + t_2\right]. \end{aligned} \tag{35}$$

Wiederum müssen die Preise sowie die Outputmengen aufgrund der symmetrischen Struktur des Spieles auch selbst symmetrisch sein. Im Gleichgewicht muss das Angebot wiederum die Nachfrage befriedigen und (34) folgt direkt durch Lösen von (35). ■

Wiederum hängt auch im Bertrand-Wettbewerb die Steigung der Reaktionsfunktionen nur von $\gamma$ ab und Preise stellen strategische Substitute für den Fall dar, dass die Nachfragen komplementär sind. Die beste Antwort auf eine Strategie des hohen Preises ist es, selbst auch den Preis zu erhöhen. Das Gegenteil ergibt sich für $\gamma > 0$. Für Substitute auf Seiten der Nachfrage stellen somit die Preise strategische Komplemente dar. Für $\gamma = 0$ bestehen keinerlei Verbindungen zwischen den Preisen der beiden Güter. Aus (35) ist ersichtlich, dass die Reaktionsfunktionen der Preise für den Fall $\gamma < 0$ streng monoton fallend verlaufen und steigend für $\gamma > 0$[37].

Auf der zweiten Stufe des Spiels bestimmt die Regierung in Land $i$, $\theta_i$, den Steuersatz, der den eigenen *payoff* maximiert. Wiederum ist der Umweltsteuersatz $t_i$ die strategische Politikvariable der Regierung des Landes $i$.

**Proposition 7** *Unter Bertrand-Wettbewerb sind Steuern genau dann strategische Komplemente, wenn die nachgefragten Mengen Substitute darstellen* ($\gamma > 0$) *und umgekehrt. Die Reaktionsfunktionen sind linear mit Steigung* $\frac{\gamma}{2-\gamma^2}$ .

**Beweis:** Maximierung des *payoff* (26) über $t_i$ unter Berücksichtigung von (32) sowie (28) liefert die impliziten Reaktionsfunktionen

$$D_i'\theta_i = \frac{(1-\gamma)(2+\gamma)}{2(2-\gamma^2)}. \tag{36}$$

Wiederum ergeben sich durch implizites Differenzieren die dazugehörigen Steigungen

$$\frac{\partial t_2}{\partial t_1} = \frac{\gamma}{2-\gamma^2}, \tag{37}$$

die streng positiv sind für $0 < \gamma \leq 1$. ■

Steuern sind insofern strategische Komplemente, als dass eine Erhöhung des Steuersatzes im Nachbarland einen höheren Steuersatz zu Hause als beste Antwort mit sich bringt. Das Gegenteil ist der Fall für $-1 \leq \gamma < 0$. Güter sind

37 Die Ergebnisse sind ähnlich denen von Singh und Vives (1984).

Komplemente und eine Steuererhöhung im Ausland reduziert sowohl die dortige als auch die heimische Produktion. Als beste Reaktion muss das Inland seine Steuern senken. Auch hier kann der Medianwähler in jedem Land seine Politikentscheidung an eine Regierung delegieren, die nicht unbedingt die gleichen Umweltpräferenzen verkörpert wie er selbst. Er kann sich somit an eine andere Präferenzordnung binden und dadurch an ein, vom Nash-Gleichgewicht abweichendes, Steuersatzniveau erreichen.

**Proposition 8**

(i) *Die optimale Delegation ist eine dominante Strategie mit* $\theta_i^* = \frac{(1-\gamma)(2+\gamma)}{2-\gamma^2}\widetilde{\theta}_i$.

(ii) *Sind die nachgefragten Mengen Substitute, so hat der Medianwähler einen Anreiz, seine Politikentscheidung an einen Politiker zu delegieren, der sich durch eine schwächere Umweltpräferenz* $\theta_i$ *als der Medianwähler selbst auszeichnet,* $\theta_i < \widetilde{\theta}_i$. *Für den Fall von Komplementen ist der delegierte Politiker „grüner" als der delegierende Wähler.*

**Beweis:** In Analogie zum Cournot-Fall liefert die Maximierung des *payoff* der Regierung in Land 1 über $\theta_1$:

$$\frac{\partial A_1}{\partial t_1} + \frac{\partial A_1}{\partial t_2}\frac{\partial t_2}{\partial t_1} + \frac{\partial B_1}{\partial t_1} + \frac{\partial B_1}{\partial t_2}\frac{\partial t_2}{\partial t_1} = \widetilde{\theta}_1 D' \cdot \left(\frac{\partial X}{\partial t_1} + \frac{\partial X}{\partial t_2}\frac{\partial t_2}{\partial t_1}\right). \tag{38}$$

Die partiellen Ableitungen ergeben sich durch Differenzieren der nachgefragten Mengen (32) unter Berücksichtigung der Preise im Nash-Gleichgewicht (34). Auf die gleiche Art und Weise wählt der Medianwähler in Land 2 seine optimale Delegation und beide Bedingungen erster Ordnung reduzieren sich wiederum auf

$$D_i' \widetilde{\theta}_i = 0,5. \tag{39}$$

Aus (36) und (39) folgt

$$\theta_i^* = \frac{(1-\gamma)(2+\gamma)}{2-\gamma^2}\widetilde{\theta}_i \tag{40}$$

und die Delegation stellt offensichtlich eine dominante Strategie dar. Dies zeigt (i). (ii) folgt wiederum direkt aus (40), da $\frac{(1-\gamma)(2+\gamma)}{2-\gamma^2} < (>)1$ für $\gamma > (<)0$. ■

Wiederum beeinflusst ein veränderter Steuersatz zu Hause nicht den Konsum der ausländischen Produktion da $\frac{\partial B_1}{\partial t_1} + \frac{\partial B_1}{\partial t_2}\frac{\partial t_2}{\partial t_1} = 0$. Liegen Substitute vor, so erfordert die Bedingung erster Ordnung ein erhöhtes Produktionsniveau im Vergleich zur Gleichung (36). Ein erhöhter Output folgt aber nur aus einer laxeren Umweltpolitik, welche ausschließlich von einer Regierung implementiert werden kann, die eine relativ geringe Umweltpräferenz hat. Analog zu Grafik 3.4 wird eine Regierung, die dem Umweltschutz eine stärkere Bedeutung beimisst wiederum durch eine nach rechts verschobene Reaktionsfunktion dargestellt. Sind die nachgefragten Mengen Substitute so sind die Umweltsteuersätze strategische Komplemente und ein Stackelberg-Ergebnis kann durch Delegation an einen weniger „grünen Politiker" erreicht werden, was die Reaktionsfunktion nach links verschiebt.

### 3.3.4 Vergleich von Cournot- und Bertrand-Wettbewerb

In den letzten beiden Abschnitten wurde jeweils das optimale Delegationsverhalten des Medianwählers untersucht. Es wurde gezeigt, dass es für ein Land nicht unbedingt erstrebenswert ist, wenn sich die Regierung in umweltpolitischen Fragestellungen durch identische Anschauungen wie der repräsentative Wähler auszeichnet. Delegation an jemanden mit einer anderen umweltpolitischen Orientierung kann durchaus den *payoff* des Medianwählers erhöhen. Aber ist diese Art der Delegation auch effizienzsteigernd aus einer globalen Sicht und trägt dies dazu bei, die Beteiligten des Nash-Spieles aus dem Gefangenendilemma zu befreien? Oder verschärft dies nur noch weiter die Ineffizienzen, falls in beiden Ländern entsprechende Delegationen getroffen werden? Globale Effizienz sei hierbei wiederum als gemeinsames Optimum der Summe der gewichteten *payoff* der beiden Länder

$$(1-\delta)\,W_1 + \delta W_2 \qquad (41)$$

definiert, mit $\delta$, $0 < \delta < 1$, als Anteil des einzelnen Landes am globalen *payoff*.

**Lemma 6** *Eine effiziente Lösung erfordert sowohl im Cournot- als auch im Bertrand-Wettbewerb*

$$D_1'\widetilde{\theta}_1 = \frac{1}{2(1-\delta)} \text{ und } D_2'\widetilde{\theta}_2 = \frac{1}{2\delta}. \tag{42}$$

**Beweis:** Maximierung von (41) über $t_1$ und $t_2$ liefert (42) sowohl unter Cournot- als auch unter Bertrand-Bedingungen. ■

Eine effiziente Lösung erfordert somit gemäß Lemma 6

$$D_1'\widetilde{\theta}_1 + D_2'\widetilde{\theta}_2 = \frac{1}{2\delta(1-\delta)} \geq 2. \tag{43}$$

Die rechte Seite der Ungleichung ergibt sich aus $0 < \delta < 1$.

**Proposition 9** *Sind die nachgefragten Güter Substitute, so führt eine strategische Delegation der Umweltpolitik stets zu Effizienzgewinnen, sowohl unter Cournot- als auch unter Bertrand-Wettbewerb. Ist die Nachfrage in den beiden Gütern komplementär, so verschärft eine Delegation der umweltpolitischen Entscheidungen die Ineffizienzen.*

**Beweis:** Ohne Delegation werden die Steuern im Nash-Gleichgewicht von den Regierungen implementiert und $\theta_i = \widetilde{\theta}_i$. Daraus ergeben sich die in folgender Tabelle dargestellten notwendigen Bedingungen für die unterschiedlichen Gleichgewichtslösungen in Verbindung mit (27), (36) und (43):

| | | Cournot | Bertrand |
|---|---|---|---|
| $Nash-GG$ | $\left(D_1'\widetilde{\theta}_1\right)^N + \left(D_2'\widetilde{\theta}_2\right)^N =$ | $\frac{2-\gamma}{2}$ | $\frac{(1-\gamma)(2+\gamma)}{(2-\gamma^2)}$ |
| $Del.-GG$ | $\left(D_1'\widetilde{\theta}_1\right)^D + \left(D_2'\widetilde{\theta}_2\right)^D =$ | 1 | 1 |
| $Effizienz$ | $\left(D_1'\widetilde{\theta}_1\right)^* + \left(D_2'\widetilde{\theta}_2\right)^* =$ | $\frac{1}{2\delta(1-\delta)}$ | $\frac{1}{2\delta(1-\delta)}$ |

(44)

Vergleicht man für positive Werte von $\gamma$ die optimalen Politikstrategien des Nash-Gleichgewichts sowohl mit dem Gleichgewicht bei Delegation als auch mit

der effizienten Lösung im Cournot-Wettbewerb, so zeigt sich, dass $D_1'\widetilde{\theta_1} + D_2'\widetilde{\theta_2}$ im Nash-Gleichgewicht (N) kleiner ist als bei Delegation (D). Der Wert des Delegationsgleichgewichts wiederum ist geringer als die effiziente Lösung (*). Die Resultate des Bertrand-Wettbewerbs stellt die dritte Spalte dar. Es gilt insgesamt: $0 < \left(D_1'\widetilde{\theta_1}\right)^N + \left(D_2'\widetilde{\theta_2}\right)^N < \left(D_1'\widetilde{\theta_1}\right)^D + \left(D_2'\widetilde{\theta_2}\right)^D = 1 < 2 \leq \left(D_1'\widetilde{\theta_1}\right)^* + \left(D_2'\widetilde{\theta_2}\right)^*$.
Für $\gamma < 0$ ist $D_1'\widetilde{\theta_1} + D_2'\widetilde{\theta_2}$ mit Delegation kleiner als ohne. Diese beiden Werte wiederum sind geringer als die effiziente Lösung erfordert: $0 < \left(D_1'\widetilde{\theta_1}\right)^D + \left(D_2'\widetilde{\theta_2}\right)^D = 1 < \left(D_1'\widetilde{\theta_1}\right)^N + \left(D_2'\widetilde{\theta_2}\right)^N < 2 \leq \left(D_1'\widetilde{\theta_1}\right)^* + \left(D_2'\widetilde{\theta_2}\right)^*$. ■

Für beide Arten von Wettbewerb ist das Nash-Gleichgewicht ineffizient. Der Grad der Ineffizienz steigt mit dem Betrag von $\gamma$. Je geringer $\gamma$, desto stärker die Komplementarität zwischen den beiden Gütern. Auch kann im Delegationsgleichgewicht die effiziente Lösung nicht erreicht werden. Zwar ist eine effiziente Delegation an sich möglich, stellt aber im vorliegenden Spiel kein Gleichgewicht dar. Für $\delta = 0,5$ würde z.B. unter Cournot-Wettbewerb $\theta_i^* = \frac{2-\gamma}{4}\widetilde{\theta_i}$ eine effiziente Delegation darstellen. Entsprechend wäre $\theta_i^* = \frac{(1-\gamma)(2+\gamma)}{2(2-\gamma)^2}\widetilde{\theta_i}$ unter Bertrand-Wettbewerb die effiziente Wahl des Medianwählers.

Die unterschiedlichen Lösungen aus (44) sind nochmals in Abbildung (3.5) veranschaulicht. Hier wird die optimale Umweltsteuer indirekt in Abhängigkeit des Substitutionsgrades für Cournot- und Bertrand-Wettbewerb dargestellt. In der Abbildung ist auf der Abszisse der Substitutionsparameter $\gamma$ im Intervall $[-1; 1]$ abgetragen und auf der Ordinate $D_1'\widetilde{\theta_1} + D_2'\widetilde{\theta_2}$ für die unterschiedlichen Gleichgewichte und Wettbewerbsformen. Die oberste waagrechte Gerade repräsentiert dabei die untere Grenze der globalen Effizienzlösungen $(\delta = 0,5)$, während die mittlere gestrichelte Waagrechte das Delegationsgleichgewicht beschreibt. Beide sind konstant in $\gamma$ und somit unabhängig vom Grad der Substituierbarkeit. Die beiden fallenden Kurven zeigen die Nash-Ergebnisse und dabei wie $\left(D_1'\widetilde{\theta_1}\right)^N + \left(D_2'\widetilde{\theta_2}\right)^N$ in $\gamma$ abnimmt. Die fallende gestrichelte Gerade ist dabei die Lösung im Cournot-Wettbewerb während die fallende punktierte und geschwungene Kurve den Bertrand-Wettbewerb widerspiegelt. Beide schneiden sich bei $\gamma = 0$, das heißt die Ergebnisse sind unabhängig von der Wettbewerbsform, wenn die Nachfragefunktionen selbst unabhängig sind. In diesem Fall entsprechen die Nash-Ergebnisse auch denen bei Delegation. Dies bedeutet, dass für vollkommen unabhängige Märkte kein Anreiz zu Delegtion besteht, $\theta_i^* = \widetilde{\theta}_i$. Dies ist einsichtig, da die Delegationsanreize ja gerade durch die Abhängigkeitseigenschaften der Güter begründet waren.

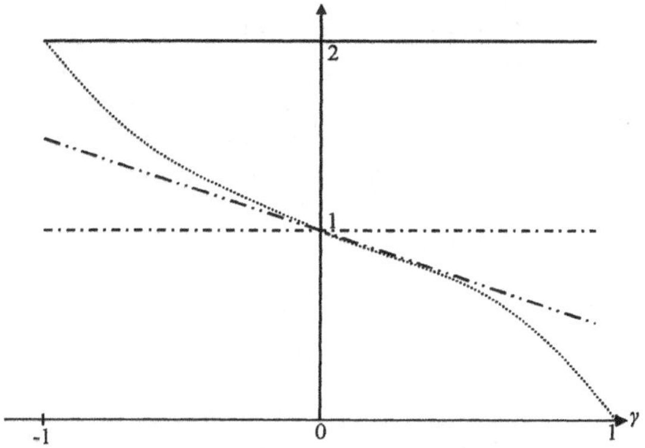


Abbildung 3.5: Vergleich Bertrand und Cournot, Effizienz

Die Wettbewerbsform spielt mit zunehmender Differenziertheit der Güter eine immer größere Rolle, d.h., die Ergebnisse im Cournot- und Bertrand-Fall unterscheiden sich umso mehr, je weiter $\gamma$ vom Ursprung entfernt ist. In der Abbildung ist dies daran zu erkennen, dass die Bertrand- und Cournot-Kurven immer weiter auseinander driften, je größer $|\gamma|$. Dies stimmt mit der Analyse von Singh und Vives (1984) überein[38]. Die Übereinstimmung bei $\gamma = 0$ ist darauf zurückzuführen, dass Cournot-Wettbewerb als grundsätzlich „monopolistischer" beurteilt wird, während sich der Bertrand-Fall näher am Wettbewerb orientiert[39]. Ist nun $\gamma = 0$, besteht also kein Bezug zwischen den beiden Gütern, so sind die beiden Unternehmen bereits Monopolisten in ihrem Marktsegment und die Wettbewerbsform kann deren Marktmacht nicht mehr beeinflussen.

[38] Singh und Vives (1984) haben die Dualität von Preisen und Mengen in einem differenzierten Duopol untersucht und festgestellt, dass sich die Gleichgewichtslösungen bei Preis- und Mengenwettbewerb umso weniger unterscheiden, je geringer die Beziehung zwischen den nachgefragten Gütern ist.
[39] Vergleiche hierzu Shubik (1980) oder Deneckere (1983).

Je stärker die Komplementarität zwischen den Gütern, desto stärker wirkt der Effekt auf den Output. Es ist offensichtlich, dass das Nash-Gleichgewicht umso näher an der effizienten Lösung liegt, je weniger die Güter substituierbar sind. Bei sehr starken Komplementen haben die einzelnen Länder nur einen geringen Anreiz, die Produktion im Heimatland durch gezielte Umweltpolitik zu reduzieren. Eine ausgeprägte Umweltpolitik erhöht den Preis des durch seine Produktion die Umwelt verschmutzenden Gutes und reduziert somit die Nachfrage. Je stärker nun der Grad der Komplementarität der beiden Güter, desto mehr reduziert diese heimische Politik auch die Nachfrage nach dem ausländischen Gut. Eine Produktionsverlagerung von der Produktion des im Inland hergestellten Gutes auf die Produktion des Ausland ist nur begrenzt wirksam. Ineffizienzen in unserem Modell sind aber gerade durch diesen Produktionsverlagerungseffekt verursacht. Der Grad der Ineffizienz geht mit dem Grad der Komplementarität zwischen den beiden Gütern zurück.

Je mehr die Güter Substitute sind, desto wirkungsvoller der Effekt der Produktionsverschiebung. Dies wiederum schafft hohe Anreize für die Regierungen, zu hohe Umweltpolitiken zu implementieren. Die Produktion in beiden Ländern ist viel zu gering und als Ergebnis resultiert ein klassisches Gefangenendilemma. Delegation der Politikentscheidung an jemanden, dessen Umweltpräferenz schwächer ist als die eigene erzeugt zwei gegenläufige Effekte. Zuerst wirkt sich die Politik direkt auf die heimische Produktion aus. Da eine weniger grüne Regierung ein geringeres Umweltsteuerniveau wählt, sinkt der Preis des Gutes und die Gesamtnachfrage nach diesem Gut steigt. Außerdem ist auch noch ein Substitutionseffekt zu beobachten, da die Nachfrage nach der Produktion des ausländischen Anbieters für den Fall von Substituten abnimmt. Da der direkte Effekt den (indirekten) Substitutionseffekt überlagert, erhöht sich die weltweite Produktion, was sich wiederum positiv auf die globale Wohlfahrt auswirkt. Dieses Resultat ist unabhängig von der oben getroffenen Annahme der Gleichgewichtung der beiden Länder und somit gültig für sämtliche Werte von $\delta$.

Sind die Güter komplementär, so haben die Wähler in beiden Ländern einen Anreiz, für eine grünere Regierung zu stimmen. In diesem Fall reduzieren beide Effekte die Nachfrage sowohl zu Hause als auch im Ausland und die Ineffizienzen verschärfen sich noch weiter. Der in 3.2 analysierte Spezialfall bei Cournot-Wettbewerb und perfekten Komplementen befindet sich in der Abbildung (3.5) am rechten äußeren Rand, wo $\gamma = 1$. Hier ist der Abstand der gestrichelten waagrechten Geraden von der Abszisse genau die Hälfte des Abstandes der durchgezogenen. Die optimale Delegation erfolgt an einen Politiker, der nur

„halb so grün" ist wie der Medianwähler selbst. Die Güter sind perfekte Substitute und die Länder haben ein sehr starkes Interesse, das ausländische Gut zu importieren und die heimische Produktion zurückzufahren.

Als Beispiel für den Fall perfekter Substitute soll hier auf den zunehmend liberalisierten Strommarkt verwiesen werden. Der Verbraucher kann grundsätzlich beim Konsum von Elektrizität nicht erkennen, welcher Hersteller sich für die Produktion verantwortlich zeichnet. Dies soll hierbei nur als einfaches Beispiel gelten. Sicherlich ist in der Realität zu beobachten, dass einige Verbraucher beim Konsum sehr wohl auf den Ort der Erzeugung Wert legen und z.B. bereit sind, für „sauber" erzeugten Strom einen höheren Betrag zu entrichten als für z.B. Strom aus Atom- oder Kohlekraftwerken. Dies kann sich durchaus auch einzig und allein auf die Standortfrage beziehen. So wird z.B. Strom aus deutschen Atomkraftwerken aufgrund eines höheren Sicherheitsstandards als „sauberer" eingeschätzt als Strom aus Atomkraftwerken des ehemaligen Ostblocks. Es ist jedoch nach wie vor eher eine Minderheit, die bereit ist, für in diesem Sinne „saubereren" Strom auch einen höheren Preis zu entrichten. Der Konsum von Strom an sich ist nicht mit negativen Effekten auf das Ökosystem verbunden, während bei der Erzeugung mit erheblichen Schäden zu rechnen ist. Auch wenn die Emissionen selten an den Grenzen halt machen, so wird trotzdem zumeist versucht die Schadensquelle, d.h. das Strom erzeugende Kraftwerk, möglichst weit von zu Hause entfernt zu halten. Dies zeigt sich z.B. auch im Ausmaß des Widerstands gegen Atomkraftwerke. Während die nukleare Gefahr von Atomkraftwerken auch sehr weit vom Standort entfernt noch zum Tragen kommt, so richtet sich der Protest zumeist nur gegen Kraftwerke der näheren Umgebung. Ein entfernter Standort scheint folglich als weniger belastend eingeschätzt zu werden. Bevorzugt wird die Produktion nur aus der näheren Umgebung verbannt. Ebenso werden auch andere Kraftwerkstypen lieber im Ausland gesehen, als in der heimatlichen Umgebung. Es ist zu beobachten, dass Stromimporte in den letzten Jahren einen durchaus nicht zu vernachlässigenden Umfang angenommen haben[40].

## 3.4 Zusammenfassung

In diesem Kapitel wurde gezeigt, inwiefern die Effekte von strategischer Delega-

[40] So wird auch von vielen Seiten befürchtet, dass der Stromimport Deutschlands mit dem Ausstieg aus der Kernenergie stark zunehmen wird, und dieser Ausstieg somit nur die Produktion in das Ausland verlagert und global nicht zu einer Reduktion von Atomenergie führt.

tion in Fragen der Umweltpolitik von dem Verhältnis der Nachfragen nach den Gütern sowie von der Wettbewerbsform abhängen. In repräsentativen Demokratien entscheidet der Politiker als Stellvertreter des Wahlvolks über die Implementierung der jeweiligen Politik. Die Wahl dieses Politikers ist dabei nichts anderes als eine Delegation der Politikentscheidung. Es wurde gezeigt, dass bei der Wahl eines Umweltpolitikers im internationalen Wettbewerb strategische Anreize bestehen, für jemanden zu stimmen, der über eine andere Präferenzordnung verfügt als der Wähler selbst.

Diese strategischen Anreize entstehen, wenn das Land offene Handelsbeziehungen zu einem anderen Land unterhält. Das Implementieren einer geeigneten Umweltpolitik geschieht nicht ausschließlich unter ökologischen Gesichtspunkten, sondern es wird vielmehr versucht, mit der Umweltpolitik auch handelspolitische Ziele zu erreichen. Über welche Präferenzordnung der gewählte Politiker am besten verfügen soll, ist wesentlich von dem Verhältnis der Nachfragen nach den einzelnen Gütern untereinander abhängig. Es ist günstig, einen Entscheidungsträger an der Macht zu haben, der durch seine Präferenzen für eine schwächere Umweltpolitik steht als der Wähler selbst, wenn die Nachfragen der gehandelten Güter substituierbar sind. Bei Komplementen ist es ratsam, die Entscheidungskompetenz an einen „grüneren" Politiker abzugeben.

Aus einer globalen Perspektive sind die (ohne Delegation) implementierten Steuersätze stets zu hoch, unabhängig von dem Verhältnis der Nachfragen zueinander. Aus diesem Grund reduziert die Delegation an einen weniger umweltorientierten Politiker stets die Ineffizienzen der Besteuerung. Da bei Komplementen der Nachfragen an einen umweltbewussteren Politiker delegiert wird, und somit der Steuersatz noch weiter von seinem effizienten Niveau abweicht, verschärft diese Delegation zusätzlich noch die Ineffizienz der strategischen Besteuerung.

Es wurde gezeigt, dass auch mit einer geeigneten Delegation kein effizientes Resultat erzielt werden kann. Zwar kann die effiziente Delegationslösung grundsätzlich bestimmt werden, jedoch stellt diese kein Gleichgewicht dar und könnte nur unter gegenseitigen Absprachen implementiert werden. Sind solche Absprachen jedoch möglich, so bedarf es keiner weiteren Delegation. Die beteiligten Länder könnten sich direkt an die effiziente Politikstrategie binden. Da solche Bindungsmöglichkeiten allerdings oftmals nicht gegeben sind, so wurde gezeigt, dass unter bestimmten Umständen mit Hilfe einer Delegation zumindest Ineffizienzen reduziert werden können.

Hierbei wurde in diesem Kapitel ausschließlich der Fall von Produktionsexternalitäten näher untersucht. Das Ergebnis ist ein anderes, wenn die Umweltexternalitäten beim Konsum entstehen. In diesem Fall gibt es keine Anreize, die Produktion ins Ausland zu verlagern. Vielmehr ist der Konsum im Inland unerwünscht, die Produktion jedoch sehr willkommen. Eine Besteuerung des Konsums kann hier die gewünschte Politik darstellen und die ökonomische Intuition legt nahe, dass auch bei Konsumexternalitäten eine strategische Delegation der Politikentscheidung zu Wohlfahrtsverbesserungen beitragen kann.

Die Ineffizienzen der letzten zwei Kapitel waren in der mangelnden Selbstbindung der beteiligten Akteure begründet. Diese standen sich bisher jedoch auf gleicher Ebene gegenüber. Dementsprechend wurden die Entscheidungen von den Beteiligten auch simultan getroffen. Die Auswirkungen eines fehlenden *commitment* bei Akteuren, die über unterschiedliche Machtpositionen am Markt verfügen, sollen im nächsten Kapitel dargestellt werden.

# 4 Fehlende staatliche Selbstbindung gegenüber der Industrie

## 4.1 Einleitung

Wie in Kapitel 2 gezeigt wurde, spielt in wesentlichen Teilen der ökonomischen Literatur zur strategischen Handels- bzw. Umweltpolitik neben der Problematik eines fehlenden *commitment* zwischen den Unternehmen bzw. zwischen den Regierungen vor allem die Annahme zu vollkommenem *commitment* der Regierungen gegenüber dem Unternehmenssektor eine große Rolle. Hierbei wird vorausgesetzt, dass eine Regierung, die sich auf einen bestimmten Steuersatz festlegt, diesen auch über den angekündigten Zeitraum hinweg beibehalten wird. Diese Annahme kann jedoch sicherlich in der Realität aus unterschiedlichen Gründen nicht immer aufrechterhalten werden. So sind Regierungen in demokratischen Systemen oft nur während einer Legislaturperiode an der Macht. Erfolgt nach Ablauf der Legislaturperiode ein Regierungswechsel, so bringt dieser zumeist auch eine Änderung der Politikrichtung mit sich. Gerade in der Umweltpolitik unterscheiden sich Parteien erheblich. Eine neue Regierung sieht sich selten an Politikvorgaben ihrer Vorgänger gebunden[41]. Ebenso können in Umweltfragen kurzfristige Neuregelungen unter Hinweis auf eine rasche Notwendigkeit zu ökologischem Handeln gerechtfertigt werden. Die Halbwertszeit politischer Zusagen ist oft sehr gering.

Goldberg (1995) weist weiter daraufhin, dass einer optimalen und effizienten Umweltpolitik zumeist sehr komplexe und komplizierte Sachverhalte zu Grunde liegen. Effektivität kann nur durch genaue *case by case* Analysen sowie durch sehr rasches und auf Einzelfälle abgestimmtes, sehr flexibles Handeln erreicht werden[42]. Die Notwendigkeit zu hoher Flexibilität und zu raschem Umdenken

[41] In jüngster Zeit hat der Präsident der Vereinigten Staaten von Amerika, George W. Bush nach seiner Amtseinführung eine Kehrtwende der amerikanischen Klimapolitik betrieben und überraschend angekündigt, dass die USA das vereinbarte Kyoto-Protokoll nicht ratifizieren werden. Dies war für die anderen Verhandlungsteilnehmer vor allem deswegen überraschend, da die US-Regierung bei den Verhandlungen 1997 maßgeblich Einfluss auf das erzielte Ergebnis hatte. Vergleiche hierzu auch BMU (2001b).

[42] Mit dieser Begründung hob Goldberg in seiner Untersuchung die Annahme eines staatlichen *commitment* auf und zeigte, dass auch ohne einem solchen *commitment* noch Anreize zu einer strategischen Handelspolitik gegeben sein können. Dies ist der Fall, wenn durch andere Faktoren, wie z. B. durch

beinhaltet jedoch Zeitinkonsistenzen. Das Einhalten einer verbindlichen Zusage wird dadurch suboptimal und ein Abweichen von der zugesagten Strategie kann eine Verbesserung darstellen. Dies gilt umso mehr, wenn die Unternehmen in ihrer Flexibilität eingeschränkt sind und sich durch eine bereits getätigte Investition an eine bestimmte Unternehmensstrategie gebunden haben. Müssen hinreichende Kapazitäten errichtet werden, bevor eine Produktion möglich ist, so kann sich die Entscheidungsstrategie eines Staates ändern, nachdem diese Investitionen getätigt sind.

Neben Goldberg (1995) zeigen auch Motta und Thisse (1994) die geringe Mobilität von Unternehmen, wenn es um die Wahl des optimalen Standortes geht. Ist eine Investition mit Fixkosten verbunden, so muss eine Regierung keine Standortverlagerung des Unternehmens befürchten, wenn sie, nachdem die Investition getätigt ist, ihre Steuern bis zu einem gewissen Maß erhöht. Selbstverständlich stellt eine Investition gewöhnlich einen kontinuierlichen Prozess dar. Dabei ist das Errichten von Produktionsmöglichkeiten nur der erste, allerdings auch ein zumeist unumkehrbarer Schritt. Ist dieser vollzogen, so kann, unter den nun veränderten Gegebenheiten, eine erneute Optimierung der Regierung ex post Zeitinkonsistenzen aufzeigen und eine Veränderung der Politikentscheidung mit sich bringen. Rationale Unternehmen wiederum antizipieren diese Möglichkeit und erkennen, dass es unter solchen Umständen ein nur sehr begrenztes *pre-commitment*, also eine begrenzte verbindliche Vorabzusage in der Steuerpolitik von Regierungen geben kann.

Hierauf baut auch die Arbeit von Janeba (2000) auf, die ein Modell reinen Steuerwettbewerbs zwischen zwei Ländern untersucht[43]. Um einer Vollbesteuerung in einem Land zu entkommen, errichtet ein multinationales Unternehmen Kapazitäten an verschiedenen Standorten. Durch die Drohung der Produktionsverlagerung ins Nachbarland werden die Länder zur Einhaltung geringer Steuersätze gezwungen. Das Errichten von Überschusskapazitäten ersetzt hier das fehlende *commitment* staatlicherseits[44]. Zur Überprüfung der empirischen Rele-

---

Kapazitätserrichtung, Verpflichtungen von Marktteilnehmern eingegangen wurden.

43 In einem weiteren Aufsatz illustrierte Janeba (1997) ein ähnliches Ergebnis für eine Situation, in der die Länder einen unterschiedlichen Grad an *commitment* aufweisen.

44 Das Vorhalten von Überschusskapazitäten aus strategischen Gründen spielte in der ökonomischen Literatur bislang vor allem zur Sicherung von Marktanteilen eine Rolle. Wenders (1971) und Spence (1977) untersuchten, inwieweit Überschusskapazitäten auf einem oligopolistischen Markt eine ausreichende Drohung darstellen können, um den Markteintritt von potenziellen Konkurrenten zu verhindern. Eine empirische Rechtfertigung liefert Conrad (1991), der zeigt, dass Unternehmen ihre überschüssigen Kapazitäten nutzen, um einer Produktionssteigerung ihrer Mitwettbewerber entgegen zu

vanz solcher Maßnahmen von Seiten der Unternehmen bringt Janeba (2000) als Beispiel unter anderem die Erdölindustrie am Kaspischen Meer sowie ausländische Investitionen der amerikanischen Automobilindustrie (*General Motors*). Diese beiden angeführten Beispiele betreffen jedoch Industriezweige, die hohe negative Externalitäten im Umweltbereich verursachen[45]. Es ist kaum denkbar, dass Länder, die als Gastgeber für solche Industrien in Frage kommen, die Auswirkungen der Ansiedlung auf die heimische Umwelt bei ihren Politikentscheidungen nicht berücksichtigen werden.

Sicherlich spielt die Frage der politischen Reputation im internationalen Kontext keine unerhebliche Rolle. Die Regierung eines jeden Staates hat grundsätzlich ein Interesse an einem glaubwürdigen und zuverlässigen Auftreten in der internationalen Staatengemeinschaft. Die Bedeutung dieser Glaubwürdigkeit einer Regierung wird hierbei jedoch von den einzelnen Ländern sehr unterschiedlich eingeschätzt. Wenn es um die Glaubwürdigkeit bei Fragen der Umweltpolitik geht, so ist sicherlich zu beobachten, dass die Länder, deren Zuverlässigkeit als eher gering eingeschätzt wird, auch eher zu den Ländern gehören, deren umweltpolitisches Engagement sich im Rahmen hält. Allerdings haben gerade Länder, die politisch als weniger stabil gelten, wie Georgien oder Aserbaidschan, als eine der ersten das Kyoto-Protokoll unterzeichnet und ratifiziert[46]. Dies deutet auf ein auch in diesen Ländern gesteigertes Umweltbewusstsein hin. Sicherlich spielen hier auch andere Gründe eine wichtige Rolle. Ein Argument hierbei ist sicherlich die Hoffnung auf Erträge durch den Verkauf von Umweltzertifikaten. Jedoch kann man auch den erwähnten Ländern ein Grundinteresse an ihrer ökologischen Situation nicht absprechen.

Im Gegensatz dazu lässt sich jedoch selbst in hochentwickelten Industrieländern eine eingeschlagene Politik kurzfristig unter dem Hinweis auf eine Ausnahmesituation bzw. eine Veränderung der Rahmenbedingungen leicht rechtfertigen. So sind die Vereinigten Staaten von Amerika trotz vorheriger Zusage vom Kyoto-Protokoll wieder abgerückt, unter anderem mit der Begründung, das

---

wirken.

45 Zwar wird im Allgemeinen die Automobilindustrie eher im Zusammenhang mit Konsumexternalitäten gesehen, allerdings ist auch bei der Produktion mit Beeinträchtigungen der Umwelt zu rechnen. Dies zeigt auch der übliche Widerstand von Anwohnern, sobald Pläne einer Errichtung eines neuen Automobilwerkes bekannt werden. So kämpften zum Beispiel in jüngster Zeit Anwohner an mehreren potenziellen Standorten für ein neues Produktionswerk von BMW in Deutschland vehement gegen die Errichtung der Produktionsstätten in ihrer Nachbarschaft.

46 Für einen aktuellen Überblick der Unterzeichnerstaaten sowie der Ratifizierungen siehe auch UNFCCC (2002).

Protokoll schade der heimischen Wirtschaft. Ein Verlust an politischer Zuverlässigkeit wurde hierbei billigend in Kauf genommen.

Welche Möglichkeiten hat nun ein Unternehmen, wenn der Staat sich nicht vorab an eine bestimmte Umweltpolitik binden kann? Im Folgenden soll anhand einer Erweiterung des Modells von Janeba (2000) gezeigt werden, wie Unternehmen mangelndes staatliches *commitment* in der Umweltpolitik durch die Errichtung von Überschusskapazitäten ersetzen können, und welche (umweltpolitischen) Auswirkungen dies hat.

## 4.2 *Commitment* in Form von Überschusskapazitäten

### 4.2.1 Das Modell

Im Folgenden wird gezeigt, inwiefern umweltpolitische Maßnahmen Unternehmen zum Errichten von überschüssigen, jedoch nicht überflüssigen Kapazitäten zwingen können und so zusätzliche Wohlfahrtsverluste verursachen, anstatt diese zu reduzieren.[47]

Zuerst wird ein allgemeines 2-Länder-Modell präsentiert, ohne dabei näher auf staatliche Selbstbindungsmöglichkeiten einzugehen. Im Weiteren werden dann die unterschiedlichen Resultate analysiert, falls sich eines der beiden Länder nicht an bestimmte politische Vorgaben binden kann, bzw. falls dies für beide Länder zutrifft.

Das Modell basiert im Wesentlichen auf dem von Janeba (2000), unterscheidet sich aber insofern, dass hier die Regierungen keine reinen Steueraufkommensmaximierer sind, sondern vielmehr die staatliche Gesamtwohlfahrt im Auge haben. Während Janeba den reinen Steuerwettbewerb zweier vollkommen symmetrischen Länder untersucht, versuchen hier die Regierungen die eigene Wohlfahrt durch einen strategischen Einsatz von umweltpolitischen Instrumenten zu maximieren. Zusätzlich wird hier auch der Fall dargestellt, dass die Länder über unterschiedliche Machtpositionen im internationalen Zusammenspiel verfügen.

Unser Modell besteht aus zwei Ländern und einem multinationalen Monopol. Das Unternehmen produziert ein homogenes Gut $q$ in einem oder in beiden Ländern. Die Produktion ist mit einem lokalen Umweltschaden verbunden.

[47] Dieses Kapitel stellt eine überarbeitete Version von Menzel (1999) dar.

Bevor das Unternehmen produzieren kann, müssen Produktionskapazitäten errichtet werden. $\overline{q}_i$ bezeichnet hierbei die Kapazität in Land $i$. Der Aufbau eines Standortes ist jedoch mit erheblichen Investitionskosten verbunden. Gerade bei hinreichend großen Investitionsprojekten nehmen diese Kosten überproportional mit der Größe des Investitionsobjektes zu. Neben den reinen Kosten, die durch die Errichtung von Gebäuden und Maschinenparks entstehen, müssen hier vor allem auch Genehmigungsverfahren und sonstige behördlich vorgeschriebenen Abläufe mitberücksichtigt werden. Diese wiegen umso schwerer, je größer die geplante Investition ausfällt. Die Kosten einer solchen Investition werden deswegen in unserem Modell durch eine konvexe Kostenfunktion $C(\overline{q_i})$ beschrieben, die ausschließlich die Kosten der Kapazitätserrichtung und nicht die Kosten der Produktion darstellt. Die Gesamtkosten belaufen sich insofern auf die Summe der Investitionskosten in beiden Ländern $C(\overline{q_1}) + C(\overline{q_2})$. Die Produktionsmenge $q_i$ kann hierbei die Kapazitätsgrenze nicht überschreiten, d.h. $\overline{q_i} \geq q_i$.

Die Konsumentenseite wird so einfach wie möglich gehalten. Die Nachfrage sei in beiden Ländern vollkommen unelastisch gleich einer Einheit des Gutes, falls der Preis den Reservationspreis des Konsumenten nicht überschreitet. Der Reservationspreis sei genormt auf 1. Das Unternehmen kann somit im besten Fall eine Einheit zu einem Preis von 1 auf jedem Markt absetzen. Aufgrund der monopolistischen Preissetzung des Unternehmens wird die Konsumentenrente vollständig von den Produzenten abgeschöpft. Da hier auf die Standortentscheidung fokussiert werden soll werden Transportkosten gänzlich vernachlässigt. Ebenso wird keine Rücksicht auf variable Kosten der Produktion genommen. Es wird angenommen, dass diese bereits durch den Preis von 1 gedeckt sind. Einzige variable Kosten des Unternehmens stellen die Umweltsteuern $t_i$ der beiden Länder dar. Die Umweltsteuer wird von der jeweiligen Regierung zur Reduktion des Umweltschadens erhoben. Bemessungsgrundlage der Steuer ist somit allein die Produktionsmenge $q$. Der Kapazitätsaufbau selbst hat keinerlei (negative) Auswirkungen auf die Ökologie.

Ziel des Unternehmens ist die Maximierung des Gesamtgewinns, d.h. der Summe der in beiden Ländern erzielten Gewinne $\Pi_i$,

$$\sum_{i=1}^{2} \Pi_i = \sum_{i=1}^{2} \{q_i(1-t_i) - C(\overline{q_i})\}. \tag{45}$$

Der Gesamtgewinn des Unternehmens setzt sich aus den auf beiden Märkten erzielten Nettoerlösen abzüglich der Investitionskosten zusammen.

Zielfunktion einer jeden Regierung ist die Wohlfahrtsfunktion des jeweiligen Landes, die hier genauer beschrieben werden soll. Hierbei wird davon ausgegangen, dass die Gewinne aus (45) in den Ländern verbleiben, in denen sie entstehen und somit als Produzentenrente direkt in die Wohlfahrtsfunktion des entsprechenden Landes eingehen. Es wird weiterhin angenommen, dass in jedem Land bereits ein Steuersystem existiert, welches sich durch hinreichende Verzerrungen auszeichnet. Die Möglichkeit, nicht verzerrende Steuern (*lump sum*) zu erheben, sei für die Regierungen ausgeschlossen. Dies ist in der Wohlfahrtsfunktion durch den Schattenpreis der Steuererhebung $\lambda$ sichergestellt, welcher streng positiv ist und den Grad der Verzerrungen des zu Grunde liegenden Steuersystems reflektiert[48]. Zusätzliche Verzerrungen durch die Umweltsteuer sind hier nicht zu befürchten. Dies ist auf die unelastische Nachfrage nach $q$ zurückzuführen. Wohlfahrtsgewinne, die durch Erhebung der Umweltsteuer und einer dadurch ermöglichten Reduktion anderer Steuern entstehen, sind somit durch $(1 + \lambda) T_i$ gegeben, mit $T_i = t_i q_i$.

Der Umweltschaden sei linear und die Schadensfunktion somit $D_i = dq_i$. Der Umweltschaden ist auch in diesem Modell wieder lokal und kann nur durch eine Reduktion der heimischen Produktion zurückgefahren werden. Hierzu dient die Steuer als umweltpolitisches Regulierungsinstrument.

Die Regierung in Land $i$ maximiert ihre Wohlfahrt

$$W_i = \Pi_i + (1 + \lambda) T_i - D_i = q_i (1 + \lambda t_i - d) - C(\overline{q_i}), \tag{46}$$

wobei hierbei $d < 1$ angenommen wird[49]. Wohlfahrt sei hier definiert als Summe aus Produzentenrente und Steueraufkommen abzüglich des Umweltschadens. Die Konsumentenrente ist null auf Grund der monopolistischen Preissetzung der Unternehmen. Aus diesem Grund taucht diese nicht explizit in der Wohlfahrts-

48 $\lambda$ ist somit ein Maß für die Verzerrungen des Steuersystems und zeigt, welche Wohlfahrtsverbesserungen durch eine Umweltsteuer neben den ökologischen Effekten möglich sind. $\lambda$ steht somit für eine zweite Dividende der Steuer. Vergleiche hierzu auch die Erläuterungen in Abschnitt 1.1.

49 $d < 1$ besagt, dass der Grenzschaden der Produktion den Reservationsnutzen nicht übersteigen darf. Offensichtlich kann durch die Produktion auch für $1 \leq d < 1 + \lambda t$ noch ein positiver Beitrag zur Wohlfahrtsfunktion entstehen. Hierzu müsste jedoch die Reduktion des *excess burden* durch die Umweltsteuer so schwer wiegen, dass sie den mit der Produktion verbundenen Wohlfahrtsverlust überkompensieren kann. Dieser Fall einer extremen Form der doppelten Dividende soll hier ausgeschlossen werden. Vergleiche hierzu auch Goulder (1995), Schöb (1995), Bovenberg (1999) und Menzel (2001b).

funktion auf. Jedes Individuum konsumiert genau zu seinem Reservationspreis von 1. Im Gegensatz zum vorherigen Kapitel ist das Aufkommen der Umweltsteuer hier von ganz entscheidender Bedeutung.

Selbstverständlich stehen den Regierungen mehrere umweltpolitische Instrumente zur Verfügung, wie Auflagen oder in jüngster Zeit auch handelbare Zertifikate. Zertifikate können unter bestimmten Umständen sehr erfolgreich sein, allerdings haben sie immer noch eine relativ geringe Bedeutung in der politischen Praxis[50]. Im Allgemeinen werden Umweltsteuern einer Auflagenpolitik aufgrund ihrer besseren statischen als auch dynamischen Effizienzeigenschaften vorgezogen (vgl. OECD, 1999). Auch wenn durch Umweltsteuern selten eine effiziente Situation erreicht werden kann, so sind sie zumindest in geringerem Maße ineffizient als Umweltauflagen. Wir wollen uns deswegen wiederum auf Steuern als einziges umweltpolitisches Instrument beschränken.

Insgesamt liegt somit ein dreistufiges Spiel vor, dessen Struktur ähnlich zur Spielstruktur in Janeba (2000) ist. Dieses wird im Folgenden per Rückwärtsinduktion gelöst.

- 1. Stufe: Investitionsentscheidung

  Das Unternehmen wählt auf der ersten Stufe des Spiels für beide Standorte die optimale Höhe der jeweiligen Investition $(\overline{q_1}, \overline{q_2})$. Ist $(\overline{q_1}, \overline{q_2}) = (0, 0)$ optimal, d.h., es wird gänzlich auf eine Investition verzichtet, so endet das Spiel bereits nach der ersten Stufe.

- 2. Stufe: Steuerpolitik

  Die jeweiligen Regierungen bestimmen den optimalen Steuersatz unter Kenntnis der Investitionsentscheidung des Unternehmens.

- 3. Stufe: Produktion

  Zuletzt entscheidet das Unternehmen über die Aufteilung der Produktion auf die verschiedenen Standorte und somit auch über das Handelsvolumen der Länder und die ökologische Belastung der einzelnen Standorte.

In den nächsten beiden Abschnitten 4.2.2 und 4.2.3 wird zunächst der Fall einseitiger Selbstbindungsprobleme diskutiert. Hier soll eines der beiden Län-

[50] Die EU-Kommission plant, in einer Pilotphase ab 2005 den Handel mit Treibhausgaszertifikaten versuchsweise einzuführen. Ab 2008 soll dieser für energieintensive Branchen mit verbindlichen und individuellen Emissionsobergrenzen vorgeschrieben werden. Für einen allgemeinen Überblick über umweltpolitische Instrumente und ihre empirische Relevanz vergleiche auch OECD(1999).

der, nämlich Land 2, die Möglichkeit haben, sich verbindlich an eine bestimmte Politikstrategie binden zu können, während dem anderen diese Möglichkeit verwehrt bleibt.

Zuerst sei hierbei der verbindliche Steuersatz $\overline{t_2}$ exogen vorgegeben. Das Unternehmen entscheidet daraufhin, ob es bei diesem gegebenen Steuersatz nur in dem sicheren Steuerland investiert, oder ob es seine Gewinne durch eine Aufteilung der Produktion auf verschiedene Standorte erhöhen kann.

Im Weiteren (4.2.3) werden anhand eines konkreten Beispiels die Resultate analysiert, wenn Land 2 den (verbindlichen) Steuersatz vorab frei wählen kann. Es wird dadurch zum Stackelberg-Führer des Spieles. Eine weitere Stufe 0 kommt ins Spiel, auf der dieses Land seinen Steuersatz festlegt. Hierbei wählt es zuerst seine Politik und im Anschluss entscheidet das Unternehmen. Die Regierung kann ihre Politik nach der Unternehmensentscheidung nicht mehr revidieren. Verfügt ein Land über eine solche Stackelberg-Position, so ergibt sich daraus ein *first mover advantage*, mit dem die Regierung sogar eine Investition im Nachbarland verhindern kann. Verfügt keines der beiden Länder über die Möglichkeit, sich vorab an eine Steuerpolitik zu binden, so müssen die Regierungen simultan entscheiden. Dies führt zu einem bilateralen Umweltsteuerwettbewerb, der in 4.2.4 näher analysiert wird. Kein Land kann sich an einen bestimmten Steuersatz binden und das Unternehmen verfügt bei der Standortwahl nicht mehr über eine sichere Option. Eine Investition macht nur Sinn, wenn höhere Kapazitäten errichtet werden, als zur Produktion nötig sind. Je stärker dabei die Umweltpräferenz der Regierungen, desto höher diese überschüssigen Investitionen, was eine Verschwendung von Ressourcen zur Folge hat.

### 4.2.2 Unilateraler Umweltsteuerwettbewerb bei exogenem $\overline{t_2}$

Im Fall eines unilateralen Umweltsteuerwettbewerbs kann sich ein Land verbindlich an seine Politikstrategie binden. Unilateral bedeutet hierbei, dass nur eines der beiden Länder, hier Land 2, die Möglichkeit hat, seine Steuerpolitik gezielt einzusetzen und mit der Vorgabe eines bestimmten Steuerniveaus die Unternehmensentscheidung zu manipulieren. Gleichzeitig ist dieses Land aber auch ein, für das Unternehmen, in steuerpolitischen Fragen sicheres Land, da die angekündigte Politik verbindlich ist. Eine Steuerankündigung des anderen Landes ist für das Unternehmen wertlos, da sich das Land nicht zu einer bestimmten Politik verpflichten kann. Das Land ist somit in Fragen der Steuerpolitik für das Unternehmen unsicher. Das Unternehmen verfügt bei der Wahl zwischen den beiden Standorten über eine sichere *outside option*, die darin besteht, dass es nur im sicheren Land investiert.

Es sei im Folgenden angenommen, dass sich die Regierung des Landes 2 an ihre vorgegebene Politik binden kann. Der Steuersatz $\overline{t_2}$, $0 < \overline{t_2} \leq 1$, der auf den Output $q_2$ erhoben wird, ist somit sowohl für das Unternehmen als auch für die Regierungen der beiden Länder exogen gegeben. Entscheidet sich das Unternehmen für die *outside option*, so wird es auf der ersten Stufe des Spiels eine Investitionshöhe wählen, die genau der, für die Produktion auf der 3. Stufe benötigten entspricht. Die Errichtung von überschüssigen Kapazitäten wäre hier überflüssig und nur mit zusätzlichen Kosten verbunden.

Die Konzentration des Kapazitätsaufbaus auf ein Land kann jedoch bei konvexen Kosten so kostspielig sein, dass eine Investition im anderen Land, trotz unsicherer Besteuerung, eine sinnvolle Alternative darstellt. Es wird sich zeigen, dass in diesem Fall, in dem auch das unsichere Steuerland als Produktionsstandort gewählt wird, durchaus eine Investition in Überschusskapazitäten lohnenswert ist. Hier dient die Höhe der Produktionskapazität im sicheren Land auch als Drohpotenzial zur Sicherstellung eines niedrigen Steuersatzes im unsicheren Land. Kapazitätsentscheidungen werden nicht ausschließlich aufgrund von Produktionsanforderungen getroffen. Die Investition kann das zur Produktion benötigte Ausmaß übertreffen.

Auf der letzten Stufe des Spiels sind die Investitionen bereits getätigt und die Kosten der Kapazitätserrichtung fix. Kann das Unternehmen zwischen der Produktion an verschiedenen Standorten wählen, so wird es sich für den Produktionsstandort entscheiden, an dem die Produktion am kostengünstigsten ist, das heißt, wo der Steuersatz am geringsten ist. Sollten die Steuersätze an beiden Standorten identisch sein, so wird zur Vereinfachung angenommen, dass an jedem Standort ein zur Höhe der Kapazität proportionales Outputniveau gewählt wird. Diese Aufteilungsregel hat keinen Einfluss auf die Endergebnisse, sie vereinfacht jedoch die folgenden Darstellungen.

Wurden auf der vorgelagerten Stufe des Spiels keine Überschusskapazitäten errichtet, oder wurde nur in Land 1 investiert, so ist das Unternehmen der Steuerwillkür der Regierung dieses Landes ausgeliefert, und diese wird optimalerweise einen Steuersatz in Höhe von $t_1 = 1$ wählen. Jeder geringere Steuersatz verändert weder das Produktionsniveau noch den Umweltschaden, führt aber zu einem geringeren Steueraufkommen und wäre somit aus Sicht der Regierung suboptimal. Für das Unternehmen wäre eine Investition mit Verlusten verbunden, da die Erlöse zu hundert Prozent weggesteuert würden, die Kosten der Investition jedoch bestehen blieben. Eine Investition erscheint unter diesen Umständen auf der Unternehmensseite unrentabel. Die beste Strategie auf der vorgelagerten Stufe wäre es hierbei, nicht zu investieren. Hier liegt ein *commitment* Problem insofern vor, dass von staatlicher Seite Investitionen wünschenswert sind, jedoch die Unternehmen aufgrund der unsicheren Umweltpolitik nicht investieren. Die Regierung würde sich gerne an die Politik binden, kann dies den Unternehmen jedoch nicht glaubhaft vermitteln.

Wenn die in Land 2 errichteten Kapazitäten die maximal mögliche Absatzmenge überschreiten, $\overline{q_2} \geq 2$, so kann die gesamte Produktion im sicheren Steuerland stattfinden und Land 1 ist zu einem Steuersatz gezwungen, der den des Landes 2 zumindest nicht überschreitet, also zu $t_1 \leq \overline{t_2}$, um überhaupt einen Teil der Produktion und somit Steuereinnahmen zu attrahieren. Zur Vereinfachung soll weiterhin angenommen werden, dass die Kosten zur Errichtung dieser hohen Kapazitäten von $\overline{q_2} = 2$ prohibitiv sind. Es ist nie profitabel, die gesamte Produktion an einem einzigen Standort zu errichten. $\overline{q_i} \geq 2$ kann somit ausgeschlossen werden. Insgesamt beschränken wir uns also in der Analyse auf den Fall $0 < \overline{q_i} < 2$, da die Ergebnisse des anderen Falles trivial sind.

Ist nun $0 < \overline{q_i} < 2$, so wird in dem Land bis zum Erreichen der Kapazitätsgrenze produziert, das über den geringeren Steuersatz verfügt. Der Rest der Nachfrage wird durch Produktion im anderen Land befriedigt.

Aus der Vielzahl der Strategiemöglichkeiten der Regierungen bleiben somit nur zwei übrig, die für eine Gleichgewichtslösung in Frage kommen. Zum einen kann Land 1 versuchen, eine maximale Produktionsmenge ins Land zu holen. Hierzu muss es den Steuersatz von Land 2 leicht unterbieten und $t_1 = \overline{t_2} - \varepsilon$ wählen, wobei $\varepsilon$ hierbei hinreichend klein[51] gewählt wird. Jeder noch geringere Steuersatz hätte ausschließlich ein geringeres Steueraufkommen zur Folge, ohne die Produktionshöhe im Land zu beeinflussen. Das Land wäre dadurch schlechter gestellt. Ein höherer Steuersatz, $\overline{t_2} < t_1 \leq 1$, verlagert so viel Produktion wie möglich ins Nachbarland. Die heimische Produktion wäre unabhängig von der Höhe des gewählten Steuersatzes und $t_1 = 1$ somit die beste Strategie. Offensichtlich kann $t_1 = t_2$, unabhängig von der Höhe der Kapazitäten, kein Optimum darstellen. Geringfügiges Unterbieten attrahiert in Land 1 eine zusätzliche Pro-

---

[51] Es wird angenommen, dass Steuersätze diskret im Intervall $[0; 1]$ verteilt sind. $\varepsilon$ ist hierbei die kleinste Einheit in diesem Intervall.

duktionsmenge bis zur Kapazitätsauslastung und stellt somit eine Verbesserung dar. Die geringeren Steuereinnahmen durch die Reduktion des Steuersatzes um $\varepsilon$, sind marginal und können vernachlässigt werden.

Wenn wir dieses Verhalten des Landes 1 berücksichtigen, so kann die Wohlfahrt des Landes 1 durch folgende Funktion dargestellt werden:

$$W_1 = \begin{cases} \overline{q_1}\left(1 + \lambda\left(\overline{t_2} - \varepsilon\right) - d\right) - C\left(\overline{q_1}\right) & \text{für } t_1 = \overline{t_2} - \varepsilon \\ \left(2 - \overline{q_2}\right)\left(1 + \lambda - d\right) - C\left(\overline{q_1}\right) & \text{für } t_1 = 1. \end{cases} \tag{47}$$

Da der Steuersatz in Land 2 „sicher" ist, hat das Unternehmen stets eine *outside option,* indem es ausschließlich in Land 2 investiert. Wird diese Variante gewählt, so kann offensichtlich nicht die gesamte Nachfrage befriedigt werden. Die Investitionskosten würden die Verkaufserlöse übersteigen. Dies hätte eine Rationierung des Konsums zur Folge. Für das Unternehmen ist es jedoch nur dann sinnvoll, in beiden Ländern zu investieren, wenn die Regierung von Land 1 dazu bewegt werden kann, den Steuersatz des anderen Landes zu unterbieten. Dies kann jedoch ausschließlich dann erreicht werden, wenn das Unternehmen Überschusskapazitäten errichtet.

**Proposition 10** *Eine Investition in beiden Ländern ist nur unter der Voraussetzung sinnvoll, dass Überschusskapazitäten errichtet werden.*

**Beweis:** Das Unternehmen investiert in beiden Ländern, wenn sicher ist, dass Land 1 einen niedrigeren Steuersatz als Land 2 offeriert. Dies kann dadurch erreicht werden, dass hinreichend hohe Kapazitäten errichtet werden. Hinreichend hoch bedeutet hier, dass die Regierung zumindest indifferent zwischen den beiden oben beschriebenen Gleichgewichtsstrategien ist. Dies ist gemäß Gleichung (47) genau dann erfüllt, wenn gilt:

$$\overline{q_1} \geq \left(2 - \overline{q_2}\right)\frac{1 + \lambda - d}{1 + \lambda\left(\overline{t_2} - \varepsilon\right) - d} > 2 - \overline{q_2}. \tag{48}$$

Da der Bruch im mittleren Ausdruck von (48) streng größer eins ist müssen die Gesamtkapazitäten den Wert 2 übersteigen, $\overline{q_1} + \overline{q_2} > 2$, was nichts anderes heißt, als dass der Bedarf geringer ist, als die maximal mögliche Produktionsmenge. Es müssen infolgedessen Überschusskapazitäten gebildet werden. ■

Hinreichend große Kapazitäten in Land 1 bewirken ein hohes Produktionsniveau in diesem Land für den Fall, dass es über den niedrigeren Steuersatz verfügt. Die Regierung akzeptiert einen geringeren Steuersatz als den des Gegenübers, da der Steuerausfall aufgrund des niedrigen Steuerniveaus durch die erhöhte Produktion kompensiert wird. Auf gleiche Art und Weise ist ein Steuersatz von 100% von geringem Interesse, falls der Gegenüber hinreichend hohe Kapazitäten zu bieten hat. Ein Großteil der Produktion würde im Ausland stattfinden und der hohe Steuersatz würde nur einen kleinen Teil der Produktion treffen. Die Abwanderung könnte kaum kompensiert werden. Offensichtlich wird im ersten Teil der Ungleichung (48) das Gleichheitszeichen gelten. Eine über $(2-\overline{q_2})\frac{1+\lambda-d}{1+\lambda\left(\overline{t_2}-\varepsilon\right)-d}$ hinausgehende Investition am Standort 1 würde bei konstanten Erlösen ausschließlich zusätzliche Kosten verursachen.

Wenn das Unternehmen in beiden Ländern investieren möchte, kann es durch das Errichten von hinreichend hohen Überschusskapazitäten die Regierung des Landes 1 dazu bewegen, einen niedrigen Steuersatz zu implementieren. De facto antizipiert das Unternehmen die Reaktion der Politik und kann selbst als Stackelberg-Führer über Land 1 agieren. Überschusskapazitäten werden ausschließlich als Drohpotenzial errichtet, mit dem Ziel, der Regierung eine Produktionsverlagerung für den Fall zu signalisieren, dass der Steuersatz erhöht wird. Hohe Kapazitäten stellen für das Unternehmen somit eine Garantie für niedrige Steuern dar.

Die Bestimmung der einzelnen Investitionsvolumina durch das Unternehmen auf der ersten Stufe des Spiels erfolgt durch Maximierung des Gewinns, unter Berücksichtigung der Resultate der zweiten und dritten Stufe des Spieles. Wird in beiden Ländern investiert, so muss in (48) das Gleichheitszeichen gelten und das Optimierungsproblem lautet

$$\begin{aligned}&\max_{\overline{q_1},\overline{q_2}} \Pi^{in} = \varepsilon\overline{q_1} + 2\left(1-\overline{t_2}\right) - C\left(\overline{q_1}\right) - C\left(\overline{q_2}\right),\\ &u.d.Nb.: \overline{q_1} = (2-\overline{q_2})\frac{1+\lambda-d}{1+\lambda\left(\overline{t_2}-\varepsilon\right)-d},\end{aligned} \tag{49}$$

wobei der Index $^{in}$ hierbei die *inside option* bezeichnen soll. Aus der Bedingung erster Ordnung,

$$C'(\overline{q_1}) = C'(\overline{q_2})\frac{1+\lambda(\overline{t_2}-\varepsilon)-d}{1+\lambda-d}+\varepsilon, \tag{50}$$

und der Nebenbedingung lassen sich die optimalen Kapazitäten bestimmen. Die Bedingung zweiter Ordnung ist hierbei erfüllt. Die optimalen Werte für $\overline{q_i}$ hängen dabei neben den Parametern $\lambda$, $d$ und $\varepsilon$ im Wesentlichen von $\overline{t_2}$ sowie vom Grad der Konvexität der Kostenfunktion ab. Aus (50) folgt, dass die Investition im unsicheren Land, bei streng positivem $\overline{t_2}$, die Investition im sicheren Land übersteigt. Da der Bruch in (50) größer 1 ist, muss $C'(\overline{q_1}) > C'(\overline{q_2})$ gelten. Aufgrund der Konvexität ergibt sich $\overline{q_1} > \overline{q_2}$.

Mit Hilfe der aus (50) gewonnenen Aussage über die unterschiedlichen Kapazitätsniveaus lässt sich nun auch das Handelsmuster zwischen den Ländern bestimmen. Ist (50) erfüllt, so unterbietet Land 1 das sichere Nachbarland und das Unternehmen entscheidet sich für eine maximale Produktion in Land 1, $q_1 = \overline{q_1}$. Da aber $\overline{q_1} > \overline{q_2}$ gilt und $\overline{q_1} + \overline{q_2} > 2$, muss somit auch $q_1 = \overline{q_1} > 1$ gelten. Dies bedeutet, dass in Land 1 über der dortigen Nachfrage produziert wird. Land 1 ist somit Export- und Land 2 Importland. Durch Wahl eines niedrigeren Steuersatzes kann das Land direkt das Verhalten des Unternehmens beeinflussen. Dieses „verspricht" im Gegenzug ein höheres Produktionsniveau und vermehrte Exporte.

Ob nun vom Unternehmen die *outside option* gewählt wird, hängt wiederum von der Konvexität der Kostenfunktion ab. Wird nur in Land 2 investiert, so lautet das Optimierungsproblem des Unternehmens

$$\max_{\overline{q_2}} \Pi^{out} = \overline{q_2}(1-\overline{t_2}) - C(\overline{q_2}). \tag{51}$$

Im Vergleich zur *inside option* führt eine Investition in nur einem Land zu einem niedrigeren Verkaufserlös, da nicht die gesamte Nachfrage bedient werden kann[52]. Allerdings verringert dies auch die Investitionskosten durch die Aufteilung der Produktion auf mehrere Standorte. Welcher der beiden Effekte letztendlich überwiegt, hängt vom Grad der Konvexität der Kostenfunktion ab. Offensichtlich würde eine lineare Kostenfunktion das Outputniveau nicht beschränken

[52] Dies ist wiederum darauf zurückzuführen, dass die Investitionskosten für $\overline{q_2} = 2$ prohibitiv sind.

und die *outside option* wäre stets die beste Strategie. Für eine stark konvexe Kostenfunktion können durch eine Aufteilung der Investition erhebliche Kosten eingespart werden. Je höher der Grad der Konvexität, desto kostenintensiver ist eine Investition an nur einem Standort. Mit zunehmender Größe des Produktionsvorhabens steigen die Kosten überproportional und eine Aufteilung der Kapazitäten ist sinnvoll.

Die Entscheidung, ob eine Investition überhaupt erfolgen soll, ist davon abhängig, ob die Investition mit positiven Gewinnen verbunden ist. Dies ist der Fall, wenn das maximal erzielte Gewinnniveau positiv ist, d.h., wenn gilt:

$$\max\left(\Pi^{in}, \Pi^{out}\right) \geq 0. \tag{52}$$

Dies wiederum ist von den Kosten der Kapazitätserrichtung abhängig.

Im vorliegenden Fall wurde davon ausgegangen, dass der Steuersatz im sicheren Land 2 exogen gegeben war. Die Höhe von $\overline{t_2}$ ist dabei jedoch ausschlaggebend für die Unternehmensentscheidung. Je höher der Wert von $\overline{t_2}$, desto geringer die Erlöse des Unternehmens. Der Anreiz, an beiden Standorten zu investieren, besteht jedoch darin, zusätzliche Erlöse aufgrund der höheren Produktionsmöglichkeiten zu erzielen. Nehmen diese Erlöse nun durch eine Erhöhung des Steuersatzes ab, so sinkt auch das Interesse an einer Investition in beiden Ländern. Übersteigen die Kosten der zusätzlich zu errichtenden Kapazitäten die zu erwartenden Erlöse, so führt die *inside option* zu geringeren Gewinnen, im Vergleich zur *outside option.* Kann nun Land 2 seinen Steuersatz frei wählen, so eröffnet ihm dies Möglichkeiten zu einem *first mover advantage,* da es als Stackelberg-Führer gegenüber dem Nachbarland vorab agieren und somit auch das dortige Investitionsvolumen beeinflussen kann. Dies soll jetzt anhand eines konkreten Beispiels genauer analysiert werden.

### 4.2.3 Unilateraler Wettbewerb. Ein Beispiel bei endogenem $\overline{t_2}$

Kann Land 2 seinen Steuersatz vorab frei bestimmen, so kommt in unserem Modell eine zusätzliche Stufe ins Spiel, auf der Land 2 seine Wohlfahrt durch Wahl seines Steuersatzes maximiert, gegeben die Ergebnisse der Stufen 1 bis 3. Land 2 wird dadurch zum Stackelberg-Führer gegenüber dem Nachbarland. Das Spiel besteht insgesamt aus folgenden Stufen:

- Stufe 0: Land 2 bestimmt seinen verbindlichen Steuersatz $\overline{t_2}$.

- Stufe 1: Das Unternehmen wählt seine Investitionsgrößen in den beiden Ländern.
- Stufe 2: Land 1 entscheidet über $t_1$.
- Stufe 3: Das Unternehmen wählt die Outputniveaus und bestimmt somit auch die Umweltbelastung an den verschiedenen Standorten.

Zur Vereinfachung und Konkretisierung wählen wir folgendes Beispiel:

- $\lambda = d = \frac{1}{2}$,
- $C(\overline{q_i}) = \frac{1}{4}\overline{q_i}^3$.

Mit der gewählten Kostenfunktion ist auch die getroffene Annahme über die Höhe der Kosten der Investitionserrichtung, $C(2) \geq 2$, erfüllt. Eine Bedienung der gesamten Nachfrage von nur einem Standort kann bei der gegebenen Kostenfunktion ausgeschlossen werden, da die Erlöse die Investitionskosten nicht überschreiten würden. Bei einem positiven Steuersatz ist dies sogar mit Verlusten verbunden.

Die Lösung des Spiels erfolgt per Rückwärtsinduktion, beginnend mit der Lösung der dritten und letzten Stufe. Stufe 2 und 3 wurden dabei in 4.2.2 bereits implizit gelöst.

Lösung der Stufe 3:

Auf der letzten Stufe des Spiels legen die Unternehmen ihre Produktionsmengen fest. Diese sind davon abhängig, ob bei der Standortentscheidung auf der 1. Stufe des Spiels die *inside* oder *outside option* gewählt wurde.

*1. Fall* $\overline{q_1} = 0$ *(outside option):*

Für den Fall, dass nur Kapazitäten in Land 2 errichtet wurden, wird das Unternehmen diese bis zur Kapazitätsgrenze auslasten und es gilt:

$$(q_1, q_2) = \left(0, \overline{q_2}^{out}\right). \tag{53}$$

*2. Fall* $\overline{q_1} \neq 0$ *(inside option):*

Wie in Proposition 10 gezeigt wurde, ist eine Investition in beiden Ländern nur dann sinnvoll, wenn die Kapazitäten so gewählt werden, dass Land 1 den Steuersatz des Nachbarlandes marginal unterbietet. Infolgedessen wird in Land 1 bis zum Erreichen der Kapazitätsgrenzen produziert, während mit der Produktion in Land 2 die restliche Nachfrage bedient wird. Es gilt somit

$$(q_1, q_2) = \left(\overline{q_1}^{in}, 2 - \overline{q_1}^{in}\right). \tag{54}$$

Lösung der Stufe 2:

Auf der zweiten Stufe des Spiels bestimmt Land 1 seinen Steuersatz, falls sich das Unternehmen auf der vorgelagerten Stufe für die *inside option* entschieden hat. Im Falle der *outside option* entfällt somit Stufe 2. Wie gezeigt wurde ist diese Stufe nur dann relevant, wenn das Unternehmen hinreichende Investitionen bildet, d.h. Investitionen, die für Land 1 ausschließlich die Alternative des Unterbietens übrig lassen. Es gilt somit

$$t_1 = \overline{t_2} - \varepsilon. \tag{55}$$

Lösung der Stufe 1:

Auf der ersten Stufe muss sich das Unternehmen entscheiden, ob es in beiden Ländern investiert, nur in einem Land, oder ob es ganz auf eine Investition verzichtet.

1. *Fall (outside option):*

Für den Fall einer alleinigen Investition in Land 2 erzielt das Unternehmen Gewinne in der Höhe von

$$\Pi^{out} = \overline{q_2}^{out}\left(1 - \overline{t_2}\right) - \frac{1}{4}\left(\overline{q_2}^{out}\right)^3. \tag{56}$$

Maximierung über $\overline{q_2}^{out}$ liefert die optimale Kapazitätsgröße in Abhängigkeit von $\overline{t_2}$,

$$\overline{q_2}^{out} = \frac{2}{3}\sqrt{3\left(1-\overline{t_2}\right)}. \tag{57}$$

Offensichtlich nehmen die Produktionsmöglichkeiten mit der Höhe des Steuersatzes ab. Dies hat zur Folge, dass aufgrund der Rationierung auch der Konsum des Gutes zurückgeht. Die von Land 2 erhobene Umweltsteuer hat hier einen direkten Effekt auf die Umweltbelastung aufgrund der Produktionsreduzierung durch das Unternehmen. Dies führt jedoch zu Ineffizienzen beim Konsum durch eine Unterversorgung mit dem Gut.

2. *Fall (inside option)*:

Aus Gleichung (48) ergibt sich, dass die *inside option* nur unter folgender Bedingung gewählt wird:

$$\overline{q_1}^{in} = \sigma\left(2-\overline{q_2}^{in}\right), \tag{58}$$

wobei $\sigma := \frac{2}{1+\overline{t_2}-\varepsilon}$. Es muss im ersten Teil von (48) wiederum das Gleichheitszeichen gelten. Eine Erhöhung des Kapazitätsniveaus in Land 1 führt ausschließlich zu einer Erhöhung der gesamten Investitionskosten, ohne die Erlöse zu beeinflussen. Dies hätte für das Unternehmen eine Reduzierung des Unternehmensgewinnes zur Folge und kann somit ausgeschlossen werden. Setzt man (58) in die Gewinnfunktion aus Gleichung (49) ein, so folgt

$$\Pi^{in} = \varepsilon\sigma\left(2-\overline{q_2}^{in}\right) + 2\left(1-\overline{t_2}\right) - \frac{1}{4}\sigma^3\left(2-\overline{q_2}^{in}\right)^3 - \frac{1}{4}\left(\overline{q_2}^{in}\right)^3. \tag{59}$$

Der erste Term gibt hierbei den Zusatzgewinn an, der sich aus dem, durch das Unterbieten resultierenden Steuersatz, in Land 1 ergibt.

Maximierung von (59) über $\overline{q_2}^{in}$ ergibt die optimale Kapazitätsgröße für Land 2 in Abhängigkeit von $\overline{t_2}$ :

$$\overline{q_2}^{in} = \frac{1}{3\sigma^3-3}\left(6\sigma^3 - 2\sqrt{3\sigma^4\varepsilon - 3\varepsilon\sigma + 9\sigma^3}\right). \tag{60}$$

Mit (58) folgt die gewinnmaximale Investitionshöhe in Land 1, wiederum in

Abhängigkeit von $\overline{t_2}$,

$$\overline{q_1}^{in} = \sigma\left(2 - \frac{1}{3\sigma^3 - 3}\left(6\sigma^3 - 2\sqrt{3\sigma^4\varepsilon - 3\varepsilon\sigma + 9\sigma^3}\right)\right). \tag{61}$$

Der Gesamtgewinn des Unternehmens für die beiden unterschiedlichen Fälle ergibt sich, indem das ermittelte, gewinnoptimale Kapazitätsniveau (57) bzw. (60) in die jeweils zugehörige Gewinnfunktion (56) bzw. (59) eingesetzt wird. Die Gewinne sind nur noch von $\overline{t_2}$ und $\varepsilon$ abhängig.

Im Weiteren sei angenommen, dass $\varepsilon$ beliebig klein gewählt werden kann und somit gegen 0 konvergiert. Es ergeben sich folgende Lösungen:

$$\lim_{\varepsilon \to 0} \Pi^{in} = \frac{2\left(\sigma^3\left(2\overline{t_2} - 3 + 2\sigma^{\frac{3}{2}}\right) - \overline{t_2}\left(1 + \sigma^6\right) + 1\right)}{\left(\sigma^3 - 1\right)^2}, \tag{62}$$

$$\Pi^{out} = \frac{4}{9}\left(1 - \overline{t_2}\right)\sqrt{3\left(1 - \overline{t_2}\right)}. \tag{63}$$

Das Unternehmen entscheidet sich für die *outside option* genau dann, wenn gilt:

$$\Pi^{out} - \lim_{\varepsilon \to 0} \Pi^{in} > 0. \tag{64}$$

Aus (62) folgt, dass (64) genau dann erfüllt ist, wenn $\overline{t_2} > 0,488$.

In Abbildung (4.1) ist der Gewinn des Unternehmens für die beiden unterschiedlichen Fälle in Abhängigkeit von $\overline{t_2}$ dargestellt.

Hierbei übersteigt der Gewinn bei Wahl der *inside option* bis zum Wert $\overline{t_2} = 0,488$ den der alternativen *outside option.* Ist der Steuersatz geringer als $0,488$, so ist es für das Unternehmen lukrativer, an beiden Standorten zu investieren. Je höher der Steuersatz des Stackelberg-Führers, desto uninteressanter wird eine Aufteilung der Produktion auf verschiedene Standorte. Nur bei einem niedrigen Steuersatz kann der zusätzliche Erlös, bedingt durch einen höheren Absatz mit gleichzeitiger Steuerersparnis, die Mehrkosten der Investition kompensieren.

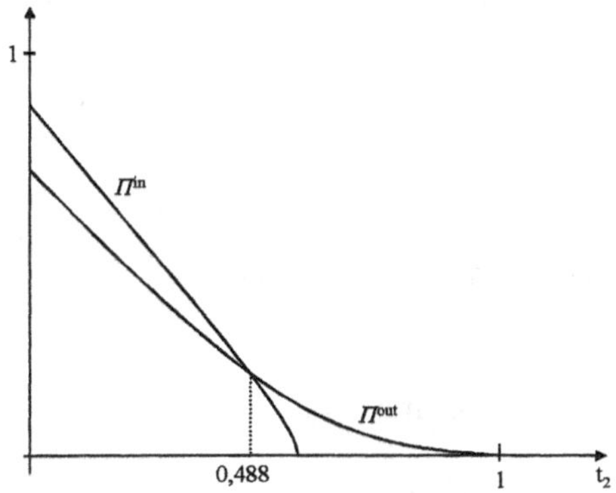


Abbildung 4.1: Unternehmensgewinn bei outside und inside option

Lösung der Stufe 0:

Ist Land 2 Stackelberg-Führer und kann seinen Steuersatz frei wählen, so kann es mit seiner Entscheidung über den Steuersatz $\overline{t_2}$ auf der Stufe 0 des Spieles auch die Investitionstätigkeit des Unternehmens regulieren. Zur Ermittlung der Wohlfahrt des Landes müssen wiederum zwei Fälle unterschieden werden:

*1. Fall* $0 \leq \overline{t_2} \leq 0,488$ *(inside option):*

Investiert das Unternehmen in beiden Ländern so gilt

$$W_2^{in} = \left(2 - \overline{q_1}^{in}\right) \frac{1 + \overline{t_2}}{2} - \frac{1}{4} \left(\overline{q_2}^{in}\right)^3, \tag{65}$$

was innerhalb des Definitionsbereiches streng monoton steigend in $\overline{t_2}$ ist. Optimalerweise wählt das Land hier $\overline{t_2} = 0,488$. Eine geringfügige Erhöhung würde das Unternehmen dazu bringen, auf eine Investition in Land 1 zu verzichten.

*2. Fall:* $0,488 < \overline{t_2} \leq 1$ *(outside option)*

Für diesen Fall ist Land 2 der einzige Standort des Unternehmens und es gilt:

$$W_2^{out} = \overline{q_2}^{out}\frac{1+\bar{t}_2}{2} - \frac{1}{4}\left(\overline{q_2}^{out}\right)^3, \tag{66}$$

was innerhalb des Definitionsbereiches sein Maximum bei $\bar{t}_2 = \frac{3}{5}$ hat.

Den optimal gewählten Steuersatz liefert nun das Maximum der beiden unterschiedenen Fälle

$$\max\left\{\max W_2^{in}, \max W_2^{out}\right\}, \tag{67}$$

wobei $\max W_2^{out}$ an der Stelle $t_2 = \frac{3}{5}$ und $\max W_2^{in}$ an der Stelle $t_2 = 0,488$ gegeben ist. Die zugehörigen Funktionswerte sind $\left(\max W_2^{in}; \max W_2^{out}\right) = (0,254; 0,486)$. Die bessere Alternative ist somit stets der Steuersatz, unter dem sich das Unternehmen zum einen für die *outside option* entscheidet und der, gegeben dieser Option, zum anderen die Wohlfahrt des Landes maximiert. Die stückweise definierte Wohlfahrtsfunktion des Landes 2 ist in Abbildung (4.2) dargestellt.

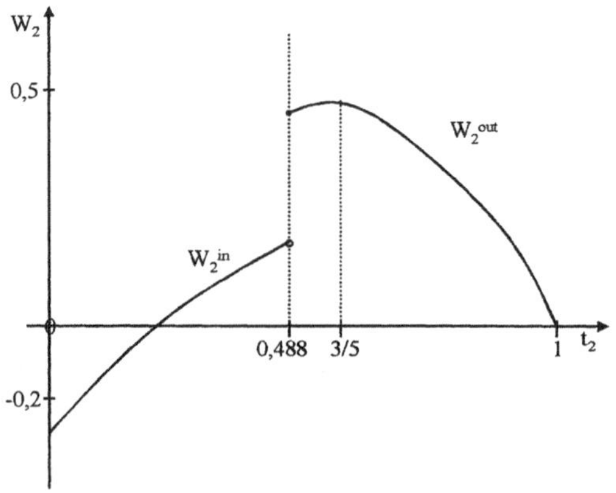


Abbildung 4.2: Wohlfahrtsfunktion des Stackelberg-Führers.

Als Stackelberg-Führer wird demgemäß die Regierung in Land 2 einen Steuersatz wählen, der das Unternehmen veranlasst, nur in diesem Land zu investieren. Durch die Möglichkeit der steuerlichen Selbstbindung kann Land 2 seine Politikentscheidung vor der des Nachbarlandes treffen. Bei der Optimierung der eigenen Steuerpolitik spielt es hierbei eine entscheidende Rolle, ob sich das Unternehmen für die *outside* oder die *inside option* entscheiden wird. Dies wiederum ist von der Höhe des sicheren Steuersatzes abhängig und kann somit direkt von Land 2 beeinflusst werden. Durch eine geschickte Festlegung von $t_2$ kann die Regierung des Landes eine Investition des Unternehmens außerhalb der eigenen Grenzen verhindern, was aber gleichzeitig zu einer ineffizienten, da zu geringen Versorgung mit dem Gut führt.

Ebenso unterscheiden sich auch die ökologischen Folgen der beiden Fälle. Wird vom Unternehmen die Investition an beiden Standorten gewählt, so kann die Gesamtproduktionsmenge des Unternehmens von keiner Regierung beeinflusst werden. Die Steuerpolitik eines Landes kann als NIMBY-Politik ausschließlich eine Verlagerung der Umweltbelastung in das Nachbarland erreichen, ohne jedoch die Gesamtbelastung zu reduzieren. Die Regierung in Land 1 hat dabei überhaupt keine Möglichkeit, Einfluss auf die Gesamtproduktion zu nehmen. Ausschließlich Land 2 kann eine Verminderung der globalen Verschmutzung durch Ausnützen seines *first mover advantage* erreichen, indem es die Produktion an einen einzigen Standort bindet. Dies ist immer mit einer Reduktion der Gesamtproduktion verbunden. Durch die Wahl des Steuersatzes entscheidet die Regierung von Land 2 somit nicht nur über den Ort der Produktion sondern auch über den Gesamtoutput sowie über den globalen Umweltschaden.

Zusammenfassend ist somit festzustellen, dass in dem gewählten Beispiel Land 2 stets eine Politik wählen wird, die zur Wahl der *outside option* des Unternehmens führt. Dies mag zunächst überraschend erscheinen, da diese Option mit einer extremen Rationierung des Konsums verbunden ist. Dementsprechend sinken auch die am heimischen Markt erzielten Gewinne. Durch das geringe Kapazitätsniveau kann nicht einmal die Hälfte des Marktes bedient werden $(q_2^{out} = 0,73)$. Trotzdem ist diese Politik für das Land attraktiv, da mit einem geringen Konsum auch ein niedriger Umweltschaden verbunden ist. Entscheidet sich das Unternehmen für eine Investition in beiden Ländern, so wird, aufgrund der letztendlich identischen Steuersätze, in jedem Land ein Produktionsniveau von 1 erreicht. Der Umweltschaden übertrifft somit auch in Land 2 den mit der *outside option* verbundenen.

Zusätzlich bewirkt der erhöhte Steuersatz aber auch das Auftreten einer starken zweiten Dividende der Umweltsteuer. In unserem Beispiel wurde ein relativ hoher Wert von $\lambda$, nämlich $\lambda = 0,5$ gewählt. Dies besagt, dass sich das vorliegende Steuersystem des Landes durch starke Wohlfahrtsverluste auszeichnet. Jede erzielte Einnahme aus der Ökosteuer kann sehr effektiv zur Reduktion von Ineffizienzen eingesetzt werden. Die Hypothese der doppelten Dividende kommt hier voll zum Tragen und die positiven Effekte der ökologischen Besteuerung (doppelte Dividende und Umweltverbesserung) überlagern die negativen (Rationierung des Konsums und geringe Gewinne). Je geringer der Grenzschaden $d$ und die erzielbare zweite Dividende, desto geringer das Interesse des Landes an einem geringen Produktionsniveau und somit an der Wahl der *outside option* durch das Unternehmen.

Die hier gezeigten Ergebnisse gelten für den konkreten Beispielfall unter den zu Beginn des Abschnitts gewählten Spezifizierungen und sind somit auch direkt von der gewählten Kostenfunktion abhängig. Sind die Kosten gering, aber hinreichend konvex, so kann das Unternehmen stets sowohl bei Wahl der *inside* als auch bei Wahl der *outside option* mit positiven Gewinnen rechnen.

Der Vorteil der Investition an zwei Standorten hat dabei zwei positive Effekte. Zum einen können Investitionskosten durch die Aufspaltung der Produktion eingespart werden, zum anderen kann in Land zwei von einem um $\varepsilon$ geringeren Steuersatz profitiert werden. Konvergiert $\varepsilon$ gegen null, so verschwindet der zweite Effekt und der Vorteil von zwei Standorten besteht ausschließlich in den höheren Produktions- und somit Absatzmöglichkeiten. Die Steuersätze der beiden Länder gleichen sich an. Ist jedoch der Wert von $\varepsilon$, welches die kleinst mögliche Einheit von Steuersatz darstellt, hinreichend positiv[53], so wird es für Land 2 zunehmend schwierig, das Unternehmen an der Wahl der *inside option* zu hindern. Der zweite Effekt einer Aufteilung der Produktion wiegt schwerer.

Land 2 muss bei der Wahl seines Steuersatzes die Vorteile der beiden Fälle gegeneinander abwägen. Das Unternehmen an einen Standort zu binden erfordert einen hohen Steuersatz. Mit steigendem Steuersatz geht jedoch das Investitionsvolumen und damit auch die Produktionsmenge des Unternehmens zurück. Wird der Steuersatz so gering gewählt, dass eine Aufspaltung der Investition für das Unternehmen lohnenswert ist, so werden zwar insgesamt höhere Kapazitäten errichtet, gleichzeitig wandert aber ein Großteil der Produktion in das Nachbarland ab. Je kleiner hierbei $\varepsilon$, desto niedriger kann der heimische Steuersatz gewählt werden, um die Investition im Land zu halten und es ist nahe liegend, dass Land

[53] Dies kann z.B. durch technische Gründe der Steuererhebung bedingt sein.

2 eine alleinige Produktion im Inland präferiert.

Die in 4.2.2 und 4.2.3 dargestellten Ergebnisse gelten nur für den einseitigen Umweltsteuerwettbewerb. Können beide Länder in ihren Steuersätzen interagieren, so unterscheiden sich die Ergebnisse von den bisherigen wesentlich. Dies soll im nächsten Abschnitt gezeigt werden.

### 4.2.4 Bilateraler Umweltsteuerwettbewerb

In diesem Abschnitt werden die Auswirkungen eines Umweltsteuerwettbewerbs untersucht, wenn sich keines der beteiligten Länder an eine bestimmte Politik fest binden kann. Jedes Land kann seinen Steuersatz jederzeit frei und unabhängig wählen. Wiederum muss das Unternehmen überschüssige Kapazitäten errichten um ein geringes Steuerniveau durchzusetzen. In diesem Fall ist allerdings die Möglichkeit zu einer *outside option* nicht mehr gegeben. Wir werden zeigen, dass umweltpolitische Maßnahmen den Investitionsprozess erheblich beeinflussen können. Ein verstärktes ökologisches Interesse kann sogar zu einer Verschwendung von Ressourcen führen und so die eigene Politik konterkarieren.

Die Struktur des Spieles ist identisch mit der des unilateralen Falls. Auf der ersten Stufe bestimmen die Unternehmen die optimalen Kapazitätsniveaus. Sind diese in beiden Ländern null, so endet das Spiel nach der ersten Stufe. Fällt die Investitionsentscheidung positiv aus, so entscheiden die Regierungen im Anschluss daran simultan über ihre jeweilige Steuerpolitik, bevor auf der letzten Stufe produziert wird. Gelöst wird das Spiel wiederum per Rückwärtsinduktion.

Auf der letzten Stufe wird auch hier die Produktion in dem Land präferiert, das den niedrigeren Steuersatz aufweist, da die Kosten der Investition bereits unwiderruflich getätigt sind. Sind keine Überschusskapazitäten vorhanden oder wird nur in einem Land investiert, kann das Unternehmen einer zu hohen Besteuerung nicht entfliehen und beide Länder würden optimalerweiser $t_i = 1$ setzen. Durch das fehlende *commitment* der Regierungen ist hier keine *outside option* möglich. Eine Investition würde nur zu Verlusten führen und somit gar nicht erst stattfinden. Falls an beiden Standorten $\overline{q_i} \geq 2$ gilt, so kann die gesamte Nachfrage von einem einzigen Standort bedient werden. Die Regierungen würden sich so lange gegenseitig unterbieten bis keine Steuer mehr erhoben würde. Aus diesem Grund nehmen wir auch in der Analyse des bilateralen Steuerwettbewerbs an, dass die

Kosten der Investitionserrichtung, zur Bedienung der gesamten Nachfrage von einem einzigen Standort, die Erlöse übersteigen. Wir können uns somit auf den Fall $0 < \overline{q_i} < 2$ beschränken, mit $i = 1, 2$. Daraus folgend, sowie aufgrund der oben beschriebenen Tatsache, dass Überschusskapazitäten errichtet werden müssen, folgt $2 < \overline{q_1} + \overline{q_2} < 4$. Die Ergebnisse der anderen Fälle sind trivial.

Für $0 < \overline{q_i} < 2$ wird in dem Niedrigsteuerland bis zum Erreichen der Kapazitätsgrenze produziert, während die restliche Nachfrage durch Produktion im anderen Land befriedigt werden muss. Bei gleichen Steuersätzen wird laut Annahme wiederum proportional zur Kapazitätshöhe produziert. Fixkosten haben keinen Einfluss auf das Outputniveau und können somit bei der Ermittlung der Produktionsmengen vernachlässigt werden. In Land $i$ erzielte Gewinne stellen sich somit folgendermaßen dar:

$$\Pi_i (t_i, t_j) = \begin{cases} \overline{q_i} (1 - t_i) - C (\overline{q_i}) & t_i < t_j \\ \frac{2\overline{q_i}}{\overline{q_1}+\overline{q_2}} (1 - t_i) - C (\overline{q_i}) & t_i = t_j \\ (2 - \overline{q_j}) (1 - t_i) - C (\overline{q_i}) & t_i > t_j. \end{cases} \tag{68}$$

Auf der zweiten Stufe des Spiels entscheiden die Regierungen über ihre jeweiligen Steuersätze. Mit (68) lautet die Wohlfahrtsfunktion von Land $i$ folgendermaßen:

$$W_i (t_i, t_j) = \begin{cases} \overline{q_i} (1 - d + \lambda t_i) - C (\overline{q_i}) & t_i < t_j \\ \frac{2\overline{q_i}}{\overline{q_1}+\overline{q_2}} (1 - d + \lambda t_i) - C (\overline{q_i}) & t_i = t_j \\ (2 - \overline{q_j}) (1 - d + \lambda t_i) - C (\overline{q_i}) & t_i > t_j. \end{cases} \tag{69}$$

Die beste Antwort von Land $i$ auf einen vorgegeben Steuersatz $t_j$ ist es, entweder selbst $t_i = 1$ zu setzen oder den Nachbarn geringfügig zu unterbieten. Falls Unterbieten die bessere Strategie ist, so gilt dies ebenso für das andere Land. Beide Länder würden sich gegenseitig so lange unterbieten, bis sich überall ein Steuersatz von 0 einstellt. Es stellt sich nun die Frage, wann der einzige verbleibende Kandidat, nämlich $t_1 = t_2 = 0$ ein Gleichgewicht darstellt. Dies ist nur dann der Fall, wenn sowohl der Schattenpreis der Steuererhebung, d.h. die Möglichkeit zum Erzielen einer zweiten Dividende, als auch die Kosten der Kapazitätserrichtung hinreichend klein sind.

Je mehr das Unternehmen in den Kapazitätsaufbau investiert, desto größer der Anreiz eines Landes, die Produktion im Inland anzusiedeln und somit den Steuersatz zu senken. Ein hinreichend hoher Kapazitätsaufbau kann auch dazu führen, dass beide Länder auf eine Besteuerung verzichten. Je größer jedoch das Interesse des Landes am Steueraufkommen, d.h., je höher der Wert von $\lambda$, umso schwerer wird dies für das Unternehmen. Die Möglichkeit zu einem Gleichgewicht in $t_1 = t_2 = 0$ hängt somit sowohl von den Kosten der Investition als auch vom rein fiskalen Interesse der Staaten ab.

Im Weiteren soll nun angenommen werden, dass die Kosten der Kapazitätserrichtung bei einem gegebenen Wert von $\lambda$ hinreichend hoch sind. Hinreichend hoch bedeutet hierbei, dass eine Investitionshöhe, die zu einer Nichtbesteuerung führen würde, mit Verlusten für das Unternehmen verbunden wäre[54]. Im Falle identischer Kapazitäten ist die Annahme genau dann erfüllt, wenn $C\left(\frac{1-d+2\lambda}{1-d+\lambda}\right) \geq 1$. Ist dies nicht der Fall, so können die Unternehmen die Länder durch einen hohen Kapazitätsaufbau zu einer Nichtbesteuerung veranlassen. $t_1 = t_2 = 0$ wäre eine gleichgewichtige Lösung in reinen Strategien.

Bei einem hohen fiskalischen Interesse der Staaten ist es für beide Länder stets besser, einen positiven Steuersatz zu wählen, als vollkommen auf die Besteuerung zu verzichten, selbst um den Preis, einen Teil der Produktion zu verlieren. Aufgrund der Reduktion der *excess burden* des Steuersystems durch die Umweltsteuer wirkt sich das Steueraufkommen überproportional auf die Wohlfahrt des Landes aus. Mit einem Steuersatz von 0 würde nicht nur das Umweltsteueraufkommen verschwinden, das Land hätte auch keine Möglichkeit mehr, Verzerrungen des bestehenden Steuersystems zu beseitigen. Jedes Land kann sich besser stellen, indem es einen Steuersatz von 1 wählt. Der Mechanismus des gegenseitigen Unterbietens startet auf ein Neues. Dies zeigt die Nicht-Existenz eines Gleichgewichtes in reinen Strategien.

Die Lösung muss somit mit Hilfe von gemischten Strategien gesucht werden bei denen jedes Land seinen Steuersatz mit einer gewissen Wahrscheinlichkeit wählt. Die Wahrscheinlichkeiten der Steuersätze in beiden Ländern werden durch entsprechende Verteilungsfunktionen gegeben. Die erwartete Wohlfahrt in Land $i$ ist

$$\int_0^1 W_i^e(t)\, f_i(t)\, dt, \tag{70}$$

54 Eine ausführliche Darstellung hierzu findet sich in Anhang A.

mit

$$W_i^e(t) = (1 - d + \lambda t)\left[(2 - \overline{q_1} - \overline{q_2}) F_j(t) + \overline{q_i}\right] - C(\overline{q_i}). \tag{71}$$

$F_j(t)$ ist die Verteilungsfunktion der Regierung des Landes $j$ mit der Dichtefunktion $f_j(t) = F_j'(t)$. $f_i(t)$ steht hierbei für die Wahrscheinlichkeit, dass Land $i$ den Steuersatz $t$ wählt. Mit Wahrscheinlichkeit $F_j(t)$ ist der Steuersatz in Land $j$ niedriger als der Steuersatz $t$, der im anderen Land gewählt wurde.

In Land $i$ werden die Kapazitäten restlos zur Produktion eingesetzt ($q_i = \overline{q_i}$), falls sein Steuersatz geringer ist als der des Landes $j$. Dies ist mit Wahrscheinlichkeit $1 - F_j(t)$ der Fall. Die Produktion in Land $j$ fällt hingegen auf $(2 - \overline{q_i})$ zurück. Analog wird in Land $i$ ein Output von $(2 - \overline{q_j})$ mit Wahrscheinlichkeit $F_j(t)$ produziert.

**Lemma 7** *Durch Maximierung von $\int_0^1 W_i^e(t) f_i(t)\, dt$ und unter der Annahme, dass $\overline{q_1} \geq \overline{q_2}$, ist das Gleichgewicht in gemischten Strategien durch folgende Verteilungsfunktionen charakterisiert:*

$$F_1(t) = \begin{cases} 0 & t < \underline{t} \\ \frac{\overline{q_2}\lambda}{\overline{q_1}(1-d+\lambda t)}\left(\frac{1-d}{\lambda} + \frac{2-t\overline{q_1}-\overline{q_2}}{2-\overline{q_1}-\overline{q_2}}\right) & \underline{t} \leq t < 1 \\ 1 & t = 1 \end{cases}$$

$$F_2(t) = \begin{cases} 0 & t < \underline{t} \\ \frac{\lambda}{(1-d+\lambda t)}\left(\frac{1-d}{\lambda} + \frac{2-t\overline{q_1}-\overline{q_2}}{2-\overline{q_1}-\overline{q_2}}\right) & \underline{t} \leq t \leq 1, \end{cases} \tag{72}$$

*wobei $\underline{t} = \max\left\{\frac{(1-d)(2-\overline{q_1}-\overline{q_2})+\lambda(2-\overline{q_2})}{\lambda\overline{q_1}}, 0\right\}$ der Minimalsteuersatz ist, den beide Länder bereit sind zu setzen und $W_i^e(t)$ im Gleichgewicht einen konstanten Term darstellt.*

**Beweis:** Den Beweis liefert Anhang B. ■

Eine Veranschaulichung der Verteilungsfunktionen ist in Abbildung 4.3 gegeben.

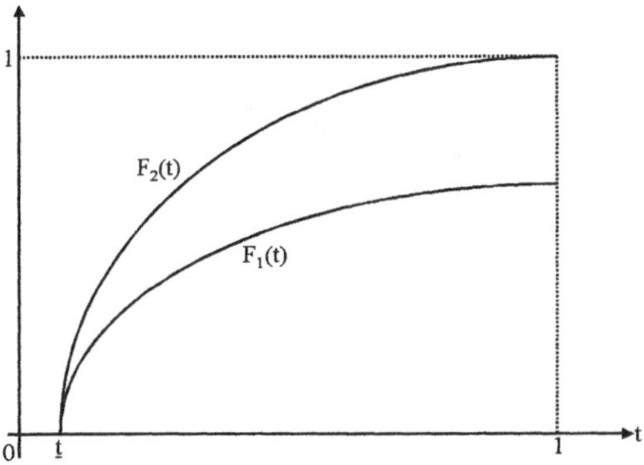


Abbildung 4.3: Verteilungsfunktionen der beiden Länder.

Die flachere Kurve beschreibt hierbei die Verteilungsfunktion des Landes, in dem sich die höheren Kapazitäten befinden.

Während Land 2 den Steuersatz $t_2 = 1$ mit einer Wahrscheinlichkeit von 0 spielt, hat Land 1 eine Massepunkt bei $t_1 = 1$. Da $\lim_{\varepsilon \to 0} F_1(1 - \varepsilon) = \frac{\overline{q_2}}{q_1}$ und $F_1(1) = 1$, ist die Wahrscheinlichkeit für einen Steuersatz von $t_1 = 1$ gleich $1 - \frac{\overline{q_2}}{q_1}$. Je höher die Investition in Land 2 ausfällt, desto geringer ist die Wahrscheinlichkeit, dass Land 1 die Produktion zu 100% besteuert. Das Land, in dem sich die geringeren Kapazitäten befinden, hat keinen starken Anreiz sich als Hochsteuerland zu präsentieren und sich somit mit der geringeren Produktionsmenge zufrieden zu geben. Da stets eine bestimmte positive Menge in jedem Land produziert wird, kann jedes einzelne Land mit einem positiven Steueraufkommen rechnen. Dies ist unabhängig vom Steuersatz, so lange dieser nicht null ist. Bietet man den höheren Steuersatz an, so wandert ein Großteil der Produktion ins Nachbarland. Trotzdem kann es für das Land, das über das höhere Kapazitätsniveau verfügt, durchaus attraktiv sein, eine Vollbesteuerung einzuführen. Dies ist genau dann der Fall, wenn das Steueraufkommen der Produktion, die der Gegenüber nicht bewerkstelligen kann, ausreicht, um die Abwanderung zu kompensieren.

### 4.2.5 Investition in Überschusskapazitäten

Im vorangegangenen Abschnitt wurde für jede Regierung ein Gleichgewicht in gemischten Strategien entwickelt. Das Land, in dem höhere Investitionen getätigt wurden neigt auch dazu, einen höheren Steuersatz zu wählen. Je stärker sich die Investitionen in beiden Ländern in ihrem Ausmaß unterscheiden, desto stärker unterscheiden sich auch die Wahrscheinlichkeiten für einen niedrigeren Steuersatz. Errichtet das Unternehmen z.B. in Land 1 sehr hohe Kapazitäten, d.h. $\overline{q_1}$ unterschreitet 2 nur geringfügig, und im Gegenzug in Land 2 Kapazitäten nahe 0, so hat Land 1 kaum ein Interesse daran, das Nachbarland steuerlich zu unterbieten. Es könnte dadurch zwar eine zusätzliche Produktionsmenge aus Land 2 anziehen, diese wäre aber aufgrund der dortigen minimalen Produktionsmöglichkeiten sehr begrenzt. Wird ein Steuersatz von 1 gewählt, so würde sich die attrahierte Produktion nicht wesentlich von der vorherigen unterscheiden, da die Abwanderungsmöglichkeiten nur sehr gering sind. Je kleiner somit die Kapazitäten in Land 2, desto höher die Wahrscheinlichkeit, dass sich das andere Land für eine Vollbesteuerung entscheidet. Das Steueraufkommen in Land $i$ in Abhängigkeit des Steuersatzes $t \geq \underline{t}$ ist

$$T_i\,(t) = t\left[\left(2 - \overline{q_1} - \overline{q_2}\right) F_j + \overline{q_i}\right], \tag{73}$$

wobei $F_j$ die Verteilungsfunktionen darstellt, die in Lemma 7 hergeleitet wurden[55]. Mit diesem Resultat ergeben sich die erwarteten Steueraufkommen in beiden Ländern

$$E(T_1) = \lim_{\varepsilon \to 0} \left( \int_0^{1-\varepsilon} T_1\,(t)\, f_1\,(t)\, dt + T_1\,(1)\left[1 - F_1\,(1-\varepsilon)\right] \right), \tag{74}$$

$$E(T_2) = \int_0^1 T_2\,(t)\, f_2\,(t)\, dt, \tag{75}$$

wobei hier $\lim_{\varepsilon \to 0}\left[1 - F_1\,(1-\varepsilon)\right]$ die Wahrscheinlichkeit für eine 100%ige Be-

[55] Durch Einsetzen der Verteilungsfunktionen ergibt sich $T_1\,(t) = \frac{t(2-\overline{q_2})(1-d+\lambda)}{(1-d+\lambda t)}$ und
$$T_2\,(t) = \begin{cases} \frac{\overline{q_2}}{\overline{q_1}} T_1\,(t) & t < 1 \\ (2 - \overline{q_1}) & t = 1. \end{cases}$$

steuerung darstellt. Da $F_1(t)$ einen Massepunkt bei $t = 1$ hat, setzt sich das erwartete Steueraufkommen aus der Summe des erwarteten Aufkommens für $t < 1$ zusammen, welches $\lim_{\varepsilon \to 0} \left( \int_0^{1-\varepsilon} T_1(t) f_1(t) dt \right)$ ist, sowie aus der Wahrscheinlichkeitsmasse für $t = 1$.

Um die erste Stufe des Spieles zu lösen, muss die Funktion der erwarteten Gewinne genauer analysiert werden. Erwartete Gewinne sind Bruttogewinne (Verkaufserlöse abzüglich Investitionskosten) reduziert um die abzuführenden Steuern[56]

$$\underbrace{2 - C(\overline{q_1}) - C(\overline{q_2})}_{\text{Bruttogewinn}} - \underbrace{\frac{\overline{q_2}(2-\overline{q_2})^2 \lambda}{\overline{q_1}(\overline{q_1}+\overline{q_2}-2)(1-d)} + (2-\overline{q_2})\left(1 - \frac{\overline{q_2}}{\overline{q_1}}\right)}_{\text{Steuern}}. \tag{76}$$

Durch Maximierung von (76) über $\overline{q_1}$ und $\overline{q_2}$ ergibt sich die Lösung auf der ersten Stufe des Spiels. Hierfür müssen grundsätzlich zwei unterschiedliche Fälle in Betracht gezogen werden. Entweder ist es für das Unternehmen optimal, an beiden Standorten identische Kapazitäten zu errichten oder aber die Investitionen werden unterschiedlich auf die beiden Länder verteilt. Unterschiedliche Investitionen in beiden Ländern werden nur dann getätigt, wenn der steuerliche Vorteil einer asymmetrischen Investitionsaufteilung die dadurch entstehenden Kostennachteile überwiegt. Letzteres ergibt sich aus der Konvexität der Kostenfunktion.

Eine asymmetrische Aufteilung der Kapazitäten hat zur Folge, dass bei gegebenem $\overline{q_2}$ mit einem Anstieg der Kapazitäten in Land 1 auch die Wahrscheinlichkeit für einen höheren Steuersatz bzw. für eine Vollbesteuerung in diesem Land steigt. Dies wurde in Lemma 7 gezeigt. Im Gegensatz dazu sinkt auch der erwartete Steuersatz in Land 2, dem Land, in dem sich die geringeren Kapazitäten befinden, im Vergleich zu $t_1$. Diese erwartete Steuerersparnis kann jedoch umso weniger den Steuernachteil von Land 1 kompensieren, je geringer die Produktionsmöglichkeiten in Land 2 sind. Je weiter die Kapazitätsniveaus auseinander driften, desto größer die Wahrscheinlichkeit einer Vollbesteuerung in dem Land, in dem überdurchschnittlich investiert wurde. Eine Vollbesteuerung hat zwar eine Produktionsverlagerung in das Nachbarland zur Folge, diese kann aber wegen der dortigen geringeren Produktionskapazitäten nur sehr be-

[56] Eine Herleitung der zu erwartenden Steuerlast des Unternehmens findet sich in Anhang C.

grenzt sein. Aufgrund der Wirkung auf die zu erwartende Steuerlast sowie der Konvexität der Kostenfunktion kann gefolgert werden, dass das Unternehmen an beiden Standorten symmetrische Kapazitäten errichtet.

### 4.2.6 Symmetrische Investitionsentscheidung

Im Vorhergehenden wurde gezeigt, dass es für das Unternehmen nicht lohnenswert ist, an den verschiedenen Standorten unterschiedliche Kapazitätshöhen zu errichten. Es ist somit ausreichend, im Weiteren nur den Fall einer symmetrischen Investitionsentscheidung zu betrachten.

Identische Kapazitäten $\overline{q_1} = \overline{q_2} = \overline{q}$ vereinfachen Gleichung (76) zu folgender Funktion der erwarteten Gewinne,

$$E(\Pi) = 2 - 2 \cdot C(\overline{q}) - \frac{(2-\overline{q})^2 \lambda}{2(\overline{q}-1)(1-d)}, \tag{77}$$

wobei die ersten beiden Summanden auf der rechten Seite die Bruttogewinne des Unternehmens repräsentieren und der Bruch für die aggregierten Steuerabgaben an beide Länder steht. Die Lösung der ersten Stufe des Spiels ergibt sich aus der Maximierung der Gleichung (77):

$$\frac{\partial E(\Pi)}{\partial \overline{q}} = \frac{\lambda(2-\overline{q})\overline{q}}{2(1-d)(\overline{q}-1)^2} - 2 \cdot \frac{\partial C(\overline{q})}{\partial \overline{q}} \stackrel{!}{=} 0. \tag{78}$$

Der erste Ausdruck auf der rechten Seite der Gleichung steht hier für den Rückgang der Steuerlast durch Errichtung einer zusätzlichen Kapazitätseinheit. Der zweite Term beschreibt die Grenzkosten der Kapazitätserrichtung. Im Optimum müssen die beiden Ausdrücke der Differenz in (78) den gleichen Wert annehmen. Bei Ungleichheit könnte durch eine zusätzliche Kapazitätseinheit die Steuerlast um einen höheren Betrag reduziert werden als die Zusatzinvestition kosten würde. Es könnten durch eine geringere Investitionshöhe mehr Kosten eingespart werden, als Steuerabgaben durch die Zusatzinvestition reduziert würden.

Die Entscheidung des Unternehmens über das Investitionsvolumen im jeweiligen Land hängt im Wesentlichen von den Parametern $\lambda$ und $d$ sowie von den Grenzkosten der Investition ab. Eine positive Investitionsentscheidung, d.h. $\overline{q} > 0$ wird nur für den Fall getroffen, dass eine Investition nicht mit Verlusten verbunden ist. Dies ist der Fall für

$$E\left[\Pi\left(\overline{q}^{*}\right)\right] \geq 0, \tag{79}$$

wobei $\overline{q}^*$ die vom Unternehmen im Optimum gewählte Kapazitätsgröße an beiden Standorten darstellt. Ob eine Investition für das Unternehmen profitabel ist, hängt dabei von der Höhe der Investitionskosten und dem Interesse des Staates an einer Ansiedlung ab. Letzteres wird im vorliegenden Modell durch die Parameter $\lambda$ und $d$ abgebildet. Ein hoher Wert von $\lambda$ ermöglicht dem Land eine starke Reduktion bestehender Wohlfahrtsverluste und somit das Erzielen einer hohen zweiten Dividende. Aufgrund des vorliegenden Steuersystems verspricht das Aufkommern der Umweltsteuer hohe Wohlfahrtsgewinne. Der Staat hat ein großes Interesse an einem hohen Steuersatz nachdem die Investitionsentscheidung gefallen ist. Dieses Interesse kann dabei so groß werden, dass die zu erwartende Steuer die Gewinne des Unternehmens übersteigt. Dies wird von den Unternehmen antizipiert. Aufgrund des Fehlens einer staatlichen Selbstbindung an einen niedrigeren Steuersatz wird somit eine Investition gänzlich unterbleiben.

Eine ähnliche Wirkungsweise hat eine hohe Umweltbelastung der Produktion, d.h. ein hoher Wert von $d$. Je höher $d$, desto schädlicher die Produktion und desto geringer das Interesse des Landes an einer Ansiedlung des Unternehmens. Dies kann sogar zu einer vollständigen, staatlicherseits nicht gewollten, Unterlassung der Ansiedlung führen[57].

Es gibt somit kritische Kombinationen von $\lambda$ und $d$, die zum Unterlassen einer Investition führen. Das Spiel endet in diesen Fällen bereits nach der ersten Stufe. Je höher hierbei die Kosten der Kapazitätserrichtung, desto geringer diese kritischen Werte. Die genauere Bedeutung von $d$ wird im nächsten Abschnitt diskutiert, wobei hier zusätzlich darauf eingegangen wird, wie sich der ursprünglich exogen gegebene Parameter $d$ im Laufe der Zeit aufgrund eines Präferenzwandels verändern kann. $d$ ist im vorliegenden Modell der Grenzschaden der Produktion. Der Grenzschaden der Produktion gibt an, in welchem Ausmaß eine zusätzliche Produktionseinheit die Umwelt belastet. Dies kann zum einen eine objektive Größe wie Schadstoffemissionen sein. Andererseits ist die Frage, wie

[57] Zur Veranschaulichung sind hierzu in Anhang D zwei konkrete Beispiele gegeben. Dort wird gezeigt, wie, ceteris paribus, zwei unterschiedliche Werte von $d$ einmal zu einer Ansiedlung führen können, während im zweiten Fall eine Investition unterbleibt.

stark eine Schadstoffeinheit tatsächlich das Allgemeinwohl belastet, von eher subjektivem Charakter und somit abhängig von den Umweltpräferenzen einer Gesellschaft. Diese können sich im Laufe der Zeit jedoch ändern. Im Folgenden werden Auswirkungen einer derartigen Veränderung untersucht. Die Resultate liefert hier die komparative Statik.

### 4.2.7 Die Verschwendung von Ressourcen

Innerhalb der letzten Jahrzehnte war weltweit ein permanenter Anstieg der Bedeutung zu beobachten, die umweltpolitischen Problemen beigemessen wurde[58]. Grüne Parteien haben zunehmend an Einfluss auf die Politik der Regierungen gewonnen und sind in einigen Ländern bereits selbst in der Regierungsverantwortung. Eine „grüne" Regierung neigt jedoch dazu, den Umweltschaden zu überschätzen, während eine konservativere dem Umweltgedanken eher zu wenig Bedeutung beimisst. Bei letzterer wäre $d$ sicherlich von geringerem Wert als bei einer grünen Regierung.

**Proposition 11** *Je stärker die Umweltpräferenz einer Regierung ist, desto größer sind die von dem Unternehmen errichteten Kapazitäten.*

**Beweis:** Aus Gleichung (78) folgt

$$\frac{\partial \overline{q}}{\partial d} = \frac{\lambda \overline{q}\,(2-\overline{q})}{2\,(\overline{q}-1)^2\,(1-d)^2}\left(\frac{\lambda}{(\overline{q}-1)^3\,(1-d)} + \frac{\partial^2 C}{\partial \overline{q}^2}\right)^{-1} > 0. \qquad (80)$$

■

Die Kapazität nimmt unter konvexen Kostenfunktionen streng monoton mit $d$ zu. In dem Bewusstsein, dass eine eher „grüne" Regierung in stärkerem Maße als eine konservative versuchen wird, die umweltschädigende Produktion zu besteuern, wird das Unternehmen seine Kapazitäten erweitern um einer zu aggressiven Steuerpolitik entgegenzuwirken. Die Wahrscheinlichkeiten für das Implementieren von hohen Steuersätzen sind durch die Verteilungsfunktionen in Lemma 7

[58] Vergleiche hierzu Althammer und Buchholz (1998), die die allokativen Wirkungen einer veränderten Präferenzordnung im Umweltbewusstsein untersuchen. Sie beschränken sich hierbei auf den Fall der freiwilligen Bereitstellung des öffentlichen Gutes Umwelt in einem 2-Länder-Modell.

gegeben. Unter symmetrischen Kapazitäten vereinfachen sich diese zu

$$F(t) = \begin{cases} 0 & t < \underline{t} \\ \frac{\lambda}{1-d+\lambda t}\left(\frac{1-d}{\lambda} + \frac{2-\overline{q}-\overline{q}t}{2(1-\overline{q})}\right) & \underline{t} \leq t < 1. \end{cases} \tag{81}$$

Differenzieren nach dem Grenzumweltschaden $d$ ergibt folgendes Lemma.

**Lemma 8**

$$\begin{aligned} &(i) \frac{\partial F}{\partial d} < 0, \\ &(ii) \frac{\partial f}{\partial d} > 0 \quad \textit{für alle } t \in (\underline{t}, 1). \end{aligned} \tag{82}$$

**Beweis:**

(i) $\frac{\partial F}{\partial d} = \frac{\lambda(2-\overline{q})(1-t)}{2(1-\overline{q})(1-d+\lambda t)^2} < 0$, da $1 < \overline{q} < 2$.

(ii) $f(t) = \frac{\lambda(2-\overline{q})(1-d+\lambda)}{2(1-d+\lambda t)^2(\overline{q}-1)}$, und daraus folgt $\frac{\partial f}{\partial d} = \frac{\lambda(2-\overline{q})(1-d+\lambda(2-t))}{2(1-d+\lambda t)^3(\overline{q}-1)} > 0$.

■

Ein hoher Wert von $d$ induziert einen steileren Verlauf der Verteilungsfunktionen und erhöht somit die Wahrscheinlichkeit für hohe Steuersätze. Steigen die Umweltpräferenzen, so steigt der Wert einer sauberen Umwelt. Im Gegensatz dazu verliert eine, die Umwelt belastende Produktion, gleichzeitig an Wert. Möchte das Unternehmen weiterhin produzieren, muss es für die Produktion einen höheren Preis, d.h. höhere Steuern, in Kauf nehmen. Ein stärkeres Interesse am Umweltschutz führt somit zu einem höheren erwarteten Umweltsteuersatz. Die Verteilungsfunktionen $F(t)$ verlaufen steiler. Dies ist in Abbildung 4.4 dargestellt.

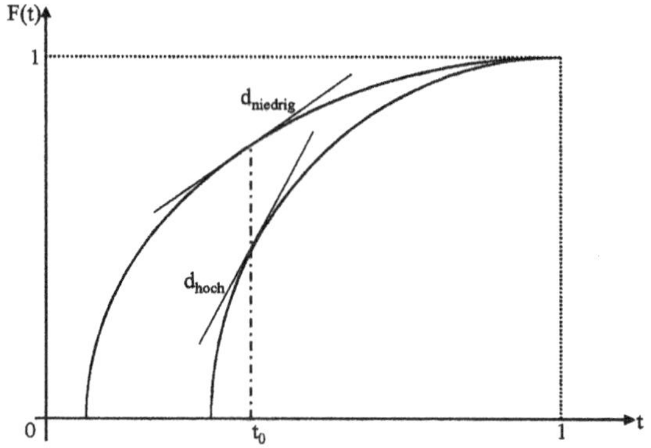


Abbildung 4.4: Verteilungsfunktionen für hohes und niedriges $d$.

Ein erhöhter Wert von $d$ verringert die Wahrscheinlichkeit, dass der inländische Steuersatz einen beliebigen Steuersatz $t_0$ nicht überschreitet. $F(t_0)$ ist, wie man anhand der Abbildung sieht, für ein hohes $d$ geringer als für einen niedrigen Wert von $d$, die Steigung dagegen nimmt mit $d$ zu. Eine in sehr starkem Maße umweltbelastende Industrie schafft demzufolge Anreize zu hohen Steuersätzen. Das Land akzeptiert eine stärkere Umweltbelastung nur um den Preis höherer Steuereinnahmen. Der erwartete Steuersatz $E(t) = \int_0^1 t \cdot f(t)\, dt = 1 - \int_0^1 F(t)\, dt$ ist in obiger Abbildung durch die Fläche zwischen der Verteilungsfunktion und einer Parallelen zur Abszisse mit Abstand 1 gegeben. Je höher $d$, desto höher die Wahrscheinlichkeit, dass die beiden Länder einen hohen Steuersatz wählen. Das Unternehmen wird daraufhin versuchen, diesem Effekt durch eine verstärkte Investition in beiden Ländern entgegenzuwirken.

**Proposition 12** *Eine hohe Umweltpräferenz der Regierungen führt zu erhöhten Kapazitäten des Unternehmens in beiden Ländern. Die Errichtung solcher überschüssigen Kapazitäten stellt eine Verschwendung von Ressourcen dar und verstärkt somit die Ineffizienz.*

**Beweis:** Der Beweis folgt selbsterklärend aus Proposition 11. ■

Das Unternehmen ist nicht bereit, hohe Steuern zu zahlen und investiert lieber in überschüssige Kapazitäten, um eine niedrigere Besteuerung durchzusetzen. Da jedoch die Gesamtproduktion in beiden Länder fix ist, besteht der einzige Effekt, den die Umweltsteuer mit sich bringt, in einem erhöhten Investitionsvolumen. Ein exogenes Outputniveau $q_1 + q_2 = 2$ legt auch die globale Verschmutzungsmenge vorab fest und kann von den einzelnen Regierungen nicht beeinflusst werden. Die einzelne Steuerpolitik kann nur bestimmen, wo jeweils lokal die Verschmutzung zu Tage tritt. Global betrachtet ist hier keine erste, sondern lediglich die zweite Dividende der Besteuerung zu beobachten, da mit der Umweltsteuer keine ökologischen Effekte verbunden sind. Einziger positiver Wohlfahrtseffekt der Umweltsteuer ist die Reduktion von Ineffizienzen in den bestehenden Steuersystemen. Globale Wohlfahrtsverbesserungen durch die Umweltsteuern können nur erzielt werden, wenn die Gültigkeit der starken Form der doppelten Dividende unterstellt wird. Aus nationaler Sicht kann dagegen, durch die Möglichkeit der Produktionsverlagerung ins Nachbarland, eine Umweltsteuer auch dann attraktiv sein, wenn ausschließlich die schwache Form der Hypothese gegeben ist. Die Regierungen entscheiden über die Höhe der heimischen Produktion und somit über den Standort, dessen Umwelt dadurch belastet wird. Stark verschmutzende Industrien sind zu Hause wenig willkommen und ein hoher Steuersatz soll dafür sorgen, dass die Produktion möglichst weit entfernt stattfindet. Gleichzeitig garantiert ein hoher Steuersatz ein hohes Steueraufkommen aus der im Land verbliebenen Produktion und saniert somit zum Teil das heimische Steuersystem mit Hilfe der zweite Dividende der Umweltbesteuerung.

In Gleichung (80) wurde gezeigt, dass $\overline{q}$ monoton in $d$ steigt. Ein höheres $d$ erfordert somit ein verstärktes Investitionsniveau des Unternehmens in beiden Ländern. Dies führt wiederum zu erhöhten Kosten. Die erwarteten Gewinne nehmen mit zusätzlicher Investitionshöhe überproportional ab, da die Erlöse konstant bleiben, die Kostenfunktion jedoch konvex in den Kapazitäten ist. Es gilt somit auch $\frac{\partial E[\Pi]}{\partial d} < 0$. Eine Investition findet dabei nur für Werte von $d$ statt, für die im Optimum der Unternehmensentscheidung positive Gewinne erwartet werden, d.h., für die $E\left[\Pi\left(\overline{q}\right)\right] \geq 0$ gilt. Es gibt somit, bei gegebenem $\lambda$, einen kritischen Wert von $d$, ab dem eine Investition gänzlich unterbleibt, da sie mit Verlusten verbunden ist.

In Proposition 12 wurde gezeigt, dass eine verstärkt betriebene Umweltpolitik den Ausbau der Kapazitäten forciert. Dies gilt jedoch nur bis zu dem kritischen Wert von $d$. Wird dieser überschritten, so findet keine Investition und somit keine Produktion statt. Die Propositionen 11 und 12 sind somit ausschließlich für den Fall anwendbar, dass der Grenzschaden diesen kritischen Wert nicht überschreitet. Im anderen Fall führt ein Anstieg von *d* zu geringeren Kapazitäten, da auf eine Investition gänzlich verzichtet wird.

Wird investiert, so werden die überschüssigen Kapazitäten ausschließlich als Drohpotenzial, zum Durchsetzen eines niedrigen Steuersatzes, errichtet und stellen diesbezüglich die (einzigen) Wohlfahrtsverluste (excess burden) der Umweltsteuer dar. Das Errichten von Kapazitäten, die schließlich nicht zur Produktion eingesetzt werden, stellt aber eine Verschwendung von Ressourcen dar.

Ebenso stellt der Fall, in dem das staatliche Umweltbewusstsein die Investition vollständig verhindert eine ineffiziente Situation dar. Die Wohlfahrt der beiden Länder wäre höher, wenn zwei Gütereinheiten bei genau zwei Kapazitätseinheiten produziert würden. Dies verhindert jedoch das fehlende *commitment* der Regierungen. Zwar würde es in diesem Fall aufgrund eines Produktionsverzichtes zu Verbesserungen für das Ökosystem kommen, diese könnten jedoch die negativen Wohlfahrtseffekte nicht kompensieren. So kann das Unternehmen bei Unterlassen der Investition, aufgrund der verschwindenden Produzentenrente, keinen Beitrag zur Wohlfahrt des Landes leisten. Zum anderen besteht für die Regierung keine Möglichkeit, Verzerrungen des vorhandenen Steuersystems zu beseitigen.

Die optimale Wohlfahrt wäre für den Fall erreicht, in dem eine Investition zwar stattfindet, jedoch ohne Aufbau von überschüssigen Kapazitäten. Dies kann ausschließlich durch Selbstverpflichtungen oder Abkommen zwischen den Ländern erreicht werden. Hierzu müssten sich die Länder untereinander an bestimmte Steuersätze binden können. Die fehlende Steuerharmonisierung führt im vorliegenden Fall zu einem wohlfahrtschädigenden Umweltsteuerwettbewerb. Die globale Wohlfahrt geht umso stärker zurück, je intensiver grüne Politik die Unternehmen zum Errichten überschüssiger Kapazitäten zwingt und somit zu einer globalen Verschwendung von Ressourcen und den damit einhergehenden ökologischen Schäden führt[59].

Im vorliegenden Modell wurde davon ausgegangen, dass der Parameter *d* für beide Länder stets identisch ist. Von Interesse ist jedoch auch die Frage, wie sich die Ergebnisse bei unterschiedlichen Werten von *d* verändern. *d* steht in unserem Modell für das Interesse einer Regierung an der inländischen Produktion. Je höher dieser Wert, desto weniger trägt eine heimische Produktion zur Wohlfahrt

[59] Auf die Problematik internationaler Abkommen wurde bereits in Abschnitt 3.1 näher eingegangen.

des Landes bei. Je geringer *d*, desto attraktiver die Produktion. Unterscheiden sich nun die beiden Länder in ihren Bewertungen des Umweltschadens, so wird das Land, das den Schaden geringer einschätzt, stärker an einer inländischen Produktion interessiert sein als sein Nachbarland. Es ist zu erwarten, dass sich dementsprechend auch die Steuersätze in beiden Ländern unterscheiden werden. Wie wird sich nun das Unternehmen bei seiner Standortwahl verhalten? Zum einen ist eine hohe Produktion in dem Land mit geringerer Bewertung, aufgrund des zu erwartenden niedrigeren Steuersatzes, interessant. Dies spricht für hohe Produktionsmöglichkeiten in diesem Land. Da aber aufgrund der zu hohen Kosten nicht die gesamte Produktion an einem Standort befriedigt werden kann, müssen auch im anderen Land Kapazitäten errichtet werden. Die dortige hohe Bewertung des Umweltschadens erfordert einen intensiven Aufbau von Überschusskapazitäten um einer allzu hohen Steuer entgegenzuwirken. Auch wenn zu erwarten ist, dass der Großteil der Produktion in das Land mit geringeren Umweltpräferenzen abwandert, so kann auch hier nicht auf das Errichten von überschüssigen Kapazitäten verzichtet werden.

## 4.3 Zusammenfassung

Dieses Kapitel hat die Auswirkungen einer Umweltpolitik auf die globale Wohlfahrt für den Fall analysiert, dass zwei Länder im Wettbewerb um die Ansiedlung eines Unternehmens stehen. Die Produktion des Unternehmens verursacht hierbei einen lokalen Umweltschaden. Das einzige Instrument, das den Ländern zur Verfügung steht, die Entscheidung des Unternehmens zu beeinflussen, ist hierbei die heimische Steuerpolitik. Das Unternehmen wird gezwungen, Kapazitäten an mehreren Standorten zu errichten, wenn es antizipiert, dass die Länder sämtliche Gewinne zu 100% wegsteuern, sobald die Kapazitäten unwiderruflich errichtet sind. Es werden Überschusskapazitäten errichtet, um mangelnde staatliche Selbstbindung in der Umweltsteuerpolitik zu ersetzen. Eine Investition und die damit verbundene Produktion hat zwei Effekte auf das Land. Zum einen werden Steuereinnahmen erzielt, die zur Reduktion von verzerrenden Steuern eingesetzt werden können, was die Wohlfahrt des Landes erhöht. Zum anderen verursacht die Produktion einen Umweltschaden der sich wohlfahrtsmindernd auswirkt.

Es wurden hierbei zwei Fälle unterschieden. Zuerst konnte sich nur eines der beiden Länder nicht glaubhaft an eine bestimmte Steuerpolitik binden während der Steuersatz des zweiten Landes exogen vorgegeben war. Das Unternehmen hat die Wahl zwischen einer *inside option* und einer *outside option*. Im letzteren

Fall wird ausschließlich im „sicheren" Land investiert. Will das Unternehmen in beiden Ländern einen Produktionsstandort errichten, so ist es gezwungen, Überschusskapazitäten zu errichten. Kann das „sichere" Land seinen verbindlichen Steuersatz vorab frei bestimmen, d.h., wird der dortige Steuersatz endogenisiert, so nimmt das Land gegenüber seinem Nachbarn die Position eines Stackelberg-Führers in der Steuerpolitik ein. Durch Ausnützen dieses *first mover advantage* kann der Stackelberg-Führer sogar eine Investition im Folgerland verhindern. Er muss hierzu den eigenen Steuersatz nur hinreichend hoch halten, um eine Produktionsaufteilung des Unternehmens auf mehrere Standorte zu verhindern. Die geringen Zusatzerlöse können die Mehrinvestitionen nicht mehr kompensieren.

Die Ergebnisse unterscheiden sich von dem Fall, in dem sich keines der Länder an eine bestimmte Politik binden kann. Soll produziert werden, so müssen hier in jedem Fall Überschusskapazitäten errichtet werden. Die Möglichkeit zu einer *outside option* ist nicht mehr gegeben. Ein hoher Steuersatz in einem Land (d.h. höher als der des Nachbarlandes) bedeutet für dieses Land eine Produktionsverlagerung in das Niedrigsteuerland. Eine niedrige Steuer zieht einen Großteil der Produktion an, mit ihr aber auch den Umweltschaden.

Das Modell besteht eigentlich aus zwei Wettbewerben. Zuerst kämpfen die beiden Länder um die Ansiedlung einer Industrie. Aufgrund fehlender Selbstbindungsmöglichkeiten können sie jedoch die Standortentscheidung des Unternehmens nicht beeinflussen. Erst nach Tätigung der Investition beginnt der Steuerwettbewerb. Die Unterscheidung der beiden Stufen ist erforderlich, da die Produktionskapazitäten nicht identisch mit ihrer Auslastung sind[60].

Mit der Wahl der optimalen Umweltsteuer wird das inländische Produktionsniveau gesteuert. Die Umweltsteuer wird hierbei strategisch unter Berücksichtigung der Politik des Nachbarlandes gesetzt. Aufgrund dieses Wettbewerbs kann die NIMBY Strategie eines Landes nicht erfolgreich sein. Antizipation einer erhöhten Steuer durch die Unternehmen verursacht ausschließlich verstärkte Investitionstätigkeiten. Durch die Wahl der geeigneten Kapazitätshöhe kann das Unternehmen die Steuer eines Landes indirekt kontrollieren. Die Regierungen selbst haben keine Möglichkeit, das Produktionsniveau und somit die Verschmutzung zu beeinflussen. Die Politik scheitert beim Versuch, Verbesserungen für die Umwelt zu erreichen. Im Gegenteil verstärkt sie den Ausbau von Kapazitäten, was wiederum mit einer Verschwendung von Ressourcen verbunden ist.

---

[60] Diese Problematik findet sich bei Fragen des Steuerwettbewerbs auch bei Janeba und Peters (2000). Zum Standortwettbewerb bei Umweltsteuern vergleiche Motta und Thisse (1994).

Die Ergebnisse dieses Kapitels beruhen einzig und allein auf der Annahme, dass sich die Regierungen nicht vorab an eine bestimmte Politikstrategie binden können. Es gibt keinerlei Möglichkeit zur Kooperation zwischen den Ländern. Offensichtlich lassen sich die Ergebnisse nicht halten, falls sich die beiden Regierungen auf eine gemeinsame Umweltpolitik verständigen können. Gegenseitige Abkommen verdrängen den Wettbewerb zwischen den Staaten und können das Problem der Selbstbindung ersetzen. Selbst wenn es dadurch auch nicht zu einer Reduktion der Umweltverschmutzung käme, so könnten doch zumindest Ressourcen eingespart werden, indem auf die Errichtung unnötiger Überschusskapazitäten verzichtet würde.

# 5 Schlussbemerkungen

Die vorliegende Arbeit analysierte die Bedeutung staatlicher Selbstbindung in Fragen der Umweltpolitik. Hierbei wurde zunächst untersucht, welchen Einfluss die Annahme eines staatlichen *commitment*, die den meisten herkömmlichen Abhandlungen der umweltökonomischen Literatur zu Grunde liegt, auf die Ergebnisse dieser ökonomischen Theorie hat. Beginnend bei den Wurzeln der Umweltpolitik zu Beginn des 20. Jahrhunderts (Pigou) bis zu modernen strategischen und spieltheoretischen Ansätzen basiert die Mehrheit der Analysen auf der Annahme, dass sich die beteiligten Staaten an eine bestimmte Politikstrategie binden können. Dies ist, gerade bei spieltheoretischen Betrachtungen, eine sehr starke Annahme, da dies unmittelbar die zu Grunde liegende Spielstruktur bzw. die Zugreihenfolge des ökonomischen Spieles beeinflusst.

Mit Betrachtungen zur strategischen Handelspolitik rückte gleichzeitig auch eine neue Betrachtung der Umweltpolitik in den Mittelpunkt umweltökonomischen Interesses. Geschickt betriebene Handelspolitik, und später auch Umweltpolitik, kann die Unternehmen des heimischen Marktes in eine Marktposition bringen, die sie selbst nicht von alleine erreichen können. Durch geeignete politische Maßnahmen werden hier die Unternehmen zu einer Strategie gezwungen, die von ihrer ursprünglich favorisierten abweicht. Dies kann sowohl das Heimatland selbst, wie auch die Unternehmen, in eine bessere ökonomische Position bringen. Je nach Struktur des Marktes veranlasst die Regierung eines Landes ihre Unternehmen zu einem aggressiveren oder weniger aggressiven Auftreten am internationalen Markt. Die Unternehmen selbst wären ohne staatliche Intervention nicht dazu in der Lage, da sie sich im internationalen Wettbewerb in einem Gefangenendilemma befinden, aus dem sie sich selbst nicht befreien können. Dies bedeutet aber nichts anderes, als dass die Unternehmen gerne eine von ihrer Strategie abweichende wählen würden. Die gewünschte jedoch kann nicht glaubwürdig implementiert werden und dementsprechend kann sich das Unternehmen nicht an die für sich optimale Strategie binden. Diese Verpflichtung übernimmt nun die heimische Regierung, die durch ihre Politik das Unternehmen an jede beliebige Strategie binden kann.

Mit Aufkommen der strategischen Handelspolitik und entsprechend der strategischen Umweltpolitik war somit die Bedeutung eines *commitment* der beteiligten Akteure offensichtlich. Strategische Handels- und Umweltpolitik bedeutete ja nichts anderes, als dass Staaten ein fehlendes *commitment* auf Seiten der Unternehmen ersetzen. Eine solche Politik kann jedoch nur dann erfolgreich sein, wenn sich die Staaten selbst an ihre Strategien, d.h. an ihre Politik binden können. Eine ausreichende Begründung dieser getroffenen Annahme sucht man dabei in den meisten Abhandlungen der Literatur vergebens. Es wird zumeist lediglich auf die Bedeutung dieser zwingenden Voraussetzung hingewiesen.

Die vorliegende Arbeit versucht, diese Lücke im Bereich der Umweltökonomie bzw. der Umweltpolitik ansatzweise zu schließen. Es wurde dabei deutlich gemacht, dass in der Realität die Möglichkeit zu perfektem staatlichen *commitment* keineswegs selbstverständlich ist. Auch in jüngster Zeit und auch in hoch entwickelten Ländern sehen sich Regierungen nicht immer dazu verpflichtet, eine einmal eingeschlagene und angekündigte Politik konsequent umzusetzen. Eine immer schneller und rasanter werdende Entwicklung unserer Welt erfordert kurzfristiges und flexibles Handeln. Getroffene Entscheidungen stellen sich oft als zeitinkonsistent heraus und können langfristig nicht umgesetzt werden. Das Fehlen eines staatlichen *commitment* erfordert dementsprechend neue Lösungsstrategien bzw. Erklärungsansätze. Die Arbeit betrachtet im Wesentlichen zwei Fälle fehlender staatlicher Selbstbindungsmöglichkeiten.

Ausgehend vom Ansatz der strategischen Umweltpolitik, der fehlende Bindungsmöglichkeiten zwischen den Unternehmen untersucht, wurde in Kapitel 3 die nächst höhere Stufe untersucht, auf der sich Staaten untereinander nicht an politische Vorgaben halten können. Auch hier stehen sich gleichwertige Akteure gegenüber. Fehlende Selbstverpflichtungen und mangelnde Kooperation führen im internationalen Wettbewerb zu ineffizienten Ergebnissen einer staatlichen Umweltpolitik. Je nach Marktstruktur und Beziehung der gehandelten Güter zueinander wird eine Umweltpolitik über- bzw. untertrieben. Hierbei wurde gezeigt, dass in demokatischen Systemen diese Ineffizienzen durch die Möglichkeit einer Delegation der Politikentscheidung in Form von Wahlen wieder abgeschwächt werden können. Die Möglichkeit zur Delegation ist hier ein Ersatz für fehlendes staatliches *commitment*. Der Wähler kann seine Wahlentscheidung strategisch treffen und für einen Politiker stimmen, der, aufgrund seiner Präferenzordnung, im internationalen Wettbewerb die Ziele des Wählers besser erreichen kann als der Wähler dies selbst könnte.

Fehlendes *commitment* kann jedoch nicht nur in dem Fall auftreten, in dem sich gleichwertige Akteure gegenüber stehen (Unternehmen versus Unternehmen, Staat versus Staat). Dies wurde im letzten Kapitel ausführlich dargestellt, in dem sich die Länder gegenüber einem Unternehmen nicht an ihre politischen Vorgaben binden können. Fehlendes *commitment* verändert die Zugreihenfolge des Spieles. Der Staat kann als letzter handelnder Akteur stets seine ex post optimale Politik wählen und die unternehmerischen Gewinne zur Gänze abschöpfen. Es wurde hierbei eine Möglichkeit aufgezeigt, die es einem Unternehmen gestattet, staatlicher Willkür nicht hilflos ausgeliefert zu sein. Investiert das Unternehmen an mehreren Standorten und übersteigt das Investitionsvolumen die für die Produktion benötigte Kapazitätsgröße, so kann es stets mit einer Produktionsverlagerung ins Nachbarland drohen und indirekt durch Androhung der Abwanderung die Politik mitgestalten.

Für die erzielten Resultate ist hierbei ausschlaggebend, ob die beiden Länder über identische Marktpositionen verfügen, oder ob ein Land die Möglichkeit hat, sich gegenüber dem anderen Land, sowie gegenüber dem Unternehmen vorab zu binden. Es wurde deutlich, dass die Möglichkeit zu *commitment* die Macht eines Landes erhöht. Kann sich nämlich ein Land an seine Strategie binden, während einem anderen diese Möglichkeit verwehrt bleibt, so hat ersteres die Möglichkeit, durch eine geeignete Steuerpolitik eine Investition im Nachbarland zu verhindern und wird diese Politik dementsprechend auch umsetzen. Wird der Steuersatz nur hinreichend hoch gewählt, so ist eine zusätzliche Investition an einem zweiten Standort aus Sicht des Unternehmens wenig attraktiv. Eine alleinige Investition in dem politisch unsicheren Land ist durch die dortige fehlende Bindung an ein bestimmtes Steuerniveau ausgeschlossen.

Üblicherweise wird davon ausgegangen, dass die Möglichkeiten eines staatlichen *commitment* in entwickelten Ländern stärker ausgeprägt sind, als in instabilen und weniger entwickelten Systemen. Ist dies der Fall, so kann, wie gezeigt, der Unterschied im Grad der politischen Selbstbindung die ökonomischen Unterschiede noch weiter verschärfen. Das besser positionierte Land kann eine Investition im anderen Land verhindern.

Stehen sich zwei Länder im internationalen Marktgeschehen gegenüber, die über gleichrangige Machtpositionen verfügen, so erfordert auch hier fehlendes staatliches *commitment* das Errichten von Drohpotenzialen in Form von überschüssigen Kapazitäten. Staatliche Politik führt im Ergebnis zu einer „Alles oder nichts"-Strategie der Länder. Wird die Produktion als extrem schädlich angesehen, bzw. erhoffen sich die Länder aus dem Aufkommen der Umweltsteuer zusätzliche Wohlfahrtsgewinne in Form einer zweiten Dividende, so könnte das Unternehmen nur durch massive Drohpotenziale dieser hohen Besteuerung entgehen. Dies ist jedoch mit hinreichenden Kosten verbunden, so dass eine Investition letztendlich unterbleibt.

Steigt im Gegensatz dazu das Interesse des Landes an der Produktion, so verringern sich die notwendigen Drohpotenziale und eine Investition des Unternehmens in beiden Ländern ist gewinnbringend. Global gesehen kann hier von staatlicher Seite das Schadensniveau nicht gesteuert werden, es kann lediglich ins Nachbarland verlagert werden. Auch hier stößt die Umweltpolitik an ihre Grenzen. Effiziente Ergebnisse sind nicht erreichbar.

Insgesamt kann abschließend festgestellt werden, dass ein Mangel an staatlicher Selbstbindung in der Umweltpolitik stets Ineffizienzen verursacht. Hierbei können jedoch von anderen, am Marktgeschehen beteiligten Akteuren, Strategien entworfen werden, das fehlende *commitment* zu ersetzen. Zwei Beispiele wurden hierzu in der vorliegenden Arbeit näher beleuchtet. Im ersteren konnte die strategische Delegation von Entscheidungen staatliches *commitment* zum Teil substituieren, im zweiten erreichten dies die errichteten überschüssigen Kapazitäten. Keines der Ergebnisse führte hierbei zu Effizienz, allerdings konnten zumindest durch die Substitution der staatlichen Verpflichtungen Ineffizienzen zum Teil reduziert werden.

# Anhang

## A: Gleichgewichtsanalyse zu 4.2.3

Es soll gezeigt werden, wann $t_i = t_j = 0$ ein Gleichgewicht in reinen Strategien darstellt.

Angenommen $t_i = t_j = 0$ stellt ein Gleichgewicht unter den gegebenen Voraussetzungen dar, so hat keines der beiden Länder einen Anreiz, von diesem Steuersatz von null abzuweichen. Die Wohlfahrt eines jeden Landes in diesem Punkt ergibt sich aus (69):

$$W_i\left(0,0\right) = \frac{2\overline{q_i}}{\overline{q_i} + \overline{q_j}}\left(1 - d\right) - C\left(\overline{q_i}\right). \tag{83}$$

Wird ein höherer Steuersatz als im Nachbarland gewählt, so kommt hierfür nur eine Vollbesteuerung, d.h. $t_i = 1$ in Frage. Die zu erwartende Wohlfahrt bei Überbieten ergibt sich wiederum aus (69):

$$W_i\left(1,0\right) = \left(2 - \overline{q_j}\right)\left(1 - d + \lambda\right) - C\left(\overline{q_i}\right). \tag{84}$$

Stellt $(0,0)$ ein Gleichgewicht dar, so muss gelten

$$W_i\left(0,0\right) \geq W_i\left(0,1\right).$$

Durch Einsetzen von (83) und (84) erfordert dies

$$\lambda \leq \left[\frac{2\overline{q_i}}{\left(\overline{q_i} + \overline{q_j}\right)\left(2 - \overline{q_j}\right)} - 1\right]\left(1 - d\right), \tag{85}$$

wobei die rechte Seite sowohl monoton steigend in $\overline{q_i}$ als auch in $\overline{q_j}$ und somit monoton steigend in $\left(\overline{q_i} + \overline{q_j}\right)$ ist. Die Ungleichung (85) ist nur erfüllt, wenn hinreichend hohe Kapazitäten errichtet werden. Dies ist umso schwerer, je höher der Wert von $\lambda$.

Im Weiteren soll angenommen werden, dass sowohl der Schattenpreis $\lambda$ als auch die Kosten der Kapazitätserrichtung hinreichend hoch sind, so dass die Ungleichung (85) zu einem Widerspruch führt, d.h. es ist für das Unternehmen nicht finanzierbar, Kapazitäten in der Höhe zu errichten, die benötigt wird, um (85) zu erfüllen. Im Falle identischer Kapazitäten, d.h. für $\overline{q_i} = \overline{q_j}$, wird somit angenommen, dass $C\left(\frac{1-d+2\lambda}{1-d+\lambda}\right) \geq 1$.

Durch ausreichenden Kapazitätsaufbau können die Länder dazu gebracht werden, dass beide letztendlich einen Steuersatz von 0 wählen. Je höher dabei der Wert von $\lambda$, d.h., je größer das Interesse der Länder am Steueraufkommen, umso mehr muss in Überschusskapazitäten investiert werden.

# B: Beweis von Lemma 7

Zu Beginn der Beweisführung muss gezeigt werden, dass der Minimalsteuersatz in beiden Ländern identisch ist. Dies besagt Lemma 9:

**Lemma 9** $\underline{t_1} = \underline{t_2} = \underline{t}$

**Beweis:** Der Beweis erfolgt durch Widerspruch.

Angenommen, es wäre $\underline{t_1} \neq \underline{t_2}$, so könnte sich das Land mit dem geringeren Minimalsteuersatz stets dadurch besser stellen, dass es mit seiner Steuerpolitik den Minimalsteuersatz des Nachbarlandes marginal unterbietet, was ein Gleichgewicht in reinen Strategien ergäbe. Für ein Gleichgewicht in gemischten Strategien muss folglich $\underline{t_1} = \underline{t_2}$ gelten. ■

Zur Bestimmung des Gleichgewichts in gemischten Strategien muss folgendes Problem der dynamischen Optimierung mit Hilfe der Kontrolltheorie gelöst werden.

$\int_0^1 W_i^e(t) \, f_i(t) \, dt \longrightarrow \max$, wobei $f_i(t)$ die Kontrollvariablen des Optimierungsproblems darstellen.

Die Nebenbedingungen der Optimierung sind

$$F_i(0) = 0, \qquad F_i(1) = 1, \qquad F_i'(t) = f_i(t) \,. \tag{86}$$

Mit (71) lautet das Maximierungsproblem

$$\max_{f_i} \int_0^1 \left[(1 - d + \lambda t)\left((2 - \overline{q_1} - \overline{q_2}) \, F_j(t) + \overline{q_i}\right) - C\left(\overline{q_i}\right)\right] f_i(t) \, dt. \tag{87}$$

Die zugehörige Hamilton-Funktion ist

$$W_i^e(t) \, f_i(t) + \mu(t) \, f_i(t) \,, \tag{88}$$

wobei $\mu(t)$ die adjungierte Variable darstellt. Neben den Kontrollvariablen $f_i(t)$ sind $F_i(t)$ die Zustandsvariablen des Optimierungsproblems.

Die beiden notwendigen Bedingungen für ein Optimum lauten

$$\begin{aligned} W_i^e(t) + \mu(t) &= 0, \\ 0 &= -\mu'(t). \end{aligned} \tag{89}$$

Hieraus folgt unmittelbar, dass $W_i^e(t)$ konstant in $t$ ist, da aufgrund der zweiten Gleichung von (89) $\mu(t)$ konstant ist.

Mit (71) lässt sich die erste Gleichung von (89) wie folgt darstellen:

$$[(1 - d + \lambda t)((2 - \overline{q_1} - \overline{q_2}) F_j(t) + \overline{q_i})] - C(\overline{q_i}) = -\mu(t) = -\mu. \tag{90}$$

Hieraus folgt, dass die Wahrscheinlichkeit der Höhe des Steuersatzes $f_i$ unabhängig von der Verteilungsfunktion des Nachbarlandes ist. Für ein gegebenes $F_j$ ist Land $i$ indifferent bzgl. der Höhe von $f_i$. Wäre dies nicht der Fall, d.h. wäre $W_i^e$ nicht konstant, so würde Land $i$ mit maximaler Wahrscheinlichkeit den Steuersatz $t_i^\circ$ wählen, für den $W_i^e(t)$ am größten wäre. Jedes Land würde folglich im Gleichgewicht einen bestimmten Steuersatz mit einer Wahrscheinlichkeit von eins wählen und verfügte somit über eine reine Strategie. Die Nicht-Existenz eines Gleichgewichts in reinen Strategien wurde jedoch bereits nachgewiesen.

Aus der gezeigten Konstanz von $W_i^e$ läßt sich genau die Verteilungsfunktion bestimmen, die mit dem Gleichgewicht in gemischten Strategien kompatibel ist. Auflösen der Gleichung (90) nach dieser Verteilungsfunktionen liefert

$$F_j(t) = \frac{1}{2 - \overline{q_1} - \overline{q_2}} \left[ \frac{C(\overline{q_i}) - \mu}{(1 - d + \lambda t)} - \overline{q_i} \right]. \tag{91}$$

Im Minimalsteuersatz $\underline{t}$ muss gelten $F_j(\underline{t}) = 0$, und folglich

$$C(\overline{q_i}) - \mu = \overline{q_i}(1 - d + \lambda \underline{t}). \tag{92}$$

Hieraus ergeben sich die Verteilungsfunktionen in Abhängigkeit von $\underline{t}$,

$$F_j(t) = \frac{\overline{q_i}}{2 - \overline{q_1} - \overline{q_2}} \left( \frac{\lambda(\underline{t} - t)}{(1 - d + \lambda t)} \right). \tag{93}$$

Gemäß Annahme ist $\overline{q_1} \geq \overline{q_2}$ und somit nach (93) $F_2 \geq F_1$.

Mit (86) ist $F_2(1) = 1$, d.h.

$$F_2(1) = \frac{\overline{q_1}}{2 - \overline{q_1} - \overline{q_2}} \left[ \frac{\lambda(\underline{t} - 1)}{(1 - d + \lambda)} \right] = 1, \tag{94}$$

woraus sich der Minimalsteuersatz

$$\underline{t} = \frac{(2 - \overline{q_1} - \overline{q_2})(1 - d) + \lambda (2 - \overline{q_2})}{\lambda \overline{q_1}} \tag{95}$$

bestimmen lässt, den Land $j$ bereit ist zu setzen.

Einsetzen von (95) in (93) ergibt für $j = 2$

$$F_2(t) = \frac{\lambda}{1 - d + \lambda t} \left[ \frac{1 - d}{\lambda} + \frac{2 - t\overline{q_1} - \overline{q_2})}{2 - \overline{q_1} - \overline{q_2}} \right]. \tag{96}$$

Mit

$$\frac{F_1(t)}{F_2(t)} = \frac{\overline{q_2}}{\overline{q_1}}$$

aus (93) ergeben sich die Aussagen von Lemma 7. ■

# C: Erwartete Steuerlast des Unternehmens

Das Unternehmen muss in beiden Ländern Steuern zahlen. Die gesamte zu erwartende Steuerlast entspricht somit der Summe der erwarteten Steueraufkommen der beiden Länder, $E(T_1) + E(T_2)$.

Aus (74) und (75) ergibt sich somit eine erwartete Gesamtsteuerlast von

$$\lim_{\varepsilon \to 0} \left[ \int_0^{1-\varepsilon} \left[ T_1(t) f_1(t) + T_2(t) f_2(t) \right] dt + T_1(1) \left(1 - F_1(1-\varepsilon)\right) \right], \quad (97)$$

wobei $\lim_{\varepsilon \to 0} F_1(1-\varepsilon) = \frac{\overline{q_2}}{q_1}$.

Aus Lemma 7 und (73) folgt

$$T_2(t) = \frac{\overline{q_2}}{\overline{q_1}} T_1(t) \text{ und } f_2(t) = \frac{\overline{q_1}}{\overline{q_2}} f_1(t) \quad (98)$$

Der erste Summand in (97) lässt sich somit zu $\lim_{\varepsilon \to 0} \left( 2 \int_0^{1-\varepsilon} T_1(t)_1 f_1(t) \, dt \right)$ vereinfachen. $f_1(t)$ ergibt sich durch Differenzieren von $F_1(t)$ aus Lemma 7. Einsetzen in (98) ergibt

$$E(T_1) + E(T_2) = \frac{\overline{q_2} \left(2 - \overline{q_2}\right)^2 \lambda}{\overline{q_1} \left(\overline{q_1} + \overline{q_2} - 2\right)(1-d)} + \left(2 - \overline{q_2}\right) \left(1 - \frac{\overline{q_2}}{\overline{q_1}}\right). \quad (99)$$

■

# D: Beispiel einer optimalen Investition

Im Folgenden soll anhand eines konkreten Beispiels für unterschiedliche Werte des Grenzschadens das optimale Investitionsniveau des Unternehmens bestimmt werden. Es wird gezeigt, welchen Gewinn das Unternehmen bei einem relativ geringen Grenzschaden der Produktion zu erwarten hat und wie ein hoher Wert eine Unternehmensansiedlung unprofitabel macht. Hierzu werden folgende Annahmen getroffen:

Annahmen:

- $\lambda = 0,5$
- $C(\overline{q}) = 0,2\,\overline{q}^4$

*1. Fall:* $d = 0,5$

Im ersten Fall wird angenommen, dass der Grenzschaden der Produktion gleich dem Schattenpreis der Steuererhebung ist. Es gilt somit $d = 0,5$. Die Annahme an die Kostenfunktion, $C\left(\frac{1-d+2\lambda}{1-d+\lambda}\right) \geq 1$, ist somit erfüllt, wonach kein Gleichgewicht in reinen Strategien existiert.

Es ergibt sich gemäß (77) folgende Funktion der erwarteten Gewinne für das Unternehmen:

$$E(\Pi) = 2 - 0,4\,\overline{q}^4 - \frac{(2-\overline{q})^2}{2(\overline{q}-1)}. \tag{100}$$

Maximierung über $\overline{q}$ innerhalb des offenen Intervalls $(1;2)$ liefert das optimale (gerundete) Investitionsvolumen

$$\overline{q}^* = 1,339.$$

Durch Einsetzen in (100) erhält man den erwarteten Gewinn des Unternehmens:

$$E(\Pi) = 0,01. \tag{101}$$

Da somit $E(\Pi) > 0$ gilt, wird das Unternehmen die Investition tätigen.

2. *Fall:* $d = 0,6$

Auch bei $d = 0,6$ bleibt die Annahme über die Kostenfunktion erfüllt, was auch hier kein Gleichgewicht in reinen Strategien liefert.

Es ergibt sich, wiederum gemäß (77), folgender Erwartungswert für die Unternehmensgewinne:

$$E(\Pi) = 2 - 0,4\,\overline{q}^4 - \frac{5(2-\overline{q})^2}{8(\overline{q}-1)}. \tag{102}$$

Maximierung über $\overline{q}$ innerhalb des Definitionsbereiches $(1; 2)$ liefert das optimale Investitionsvolumen

$$\overline{q}^* = 1,365.$$

Eingesetzt in (100) folgt der Erwartungswert für den Gewinn des Unternehmens:

$$E(\Pi) = -0,08. \tag{103}$$

Da in diesem Fall der erwartete Gewinn negativ ist, wird das Unternehmen auf eine Investition verzichten.

# Literaturverzeichnis


[1] **Albanesi, S., Chari, V.V.** und **Christiano L.J.** (2001): „How severe is the Time Inconsistency Problem in Monetary policy?“, NBER Working Paper Series, Working Paper 8139, National Bureau of Economic Research, Cambridge.

[2] **Althammer, W**. (1998): „Internationale Aspekte der Umweltpolitik“, Mohr Siebeck, Tübingen.

[3] **Althammer, W.** und **Buchholz, W.** (1995): „Strategic Trade Incentives in Environmental Policy“, *Finanzarchiv, 52(3),* 293-305.

[4] **Barrett, S.** (1994a): „Strategic environmental policy and international trade“, *Journal of public Economics 54*, 325-338.

[5] **Barrett, S.** (1994b): „Self-Enforcing International Agreements“, *Oxford Economic Papers, 46*, 878 - 894.

[6] **Barrow, R.J.** und **Gordon, D.B.** (1983): „Rules, Discretion and Reputation in a model of Monetary Policy“, *Journal of Monetary Economics 12*, 101-121.

[7] **Berlemann, M.** (1999): „Politökonomische Theorien der Inflation und der Konjunkturpolitik“, Metropolis Verlag, Marburg.

[8] **Bovenberg, A.L.** (1999): „Green Tax Reforms and the Double Dividend: an Update reader's Guide“, *International Tax and Public Finance, 6,* 421-443.

[9] **Bovenberg, A.L.** und **de Mooij, R.A.** (1994): „Environmental Levies and Distortionary Taxation“, *American Economic Review 84*, 1085-1089.

[10] **Brander, J.A.** (1995): „Strategic Trade Policy“, in G. Grossman und K. Rogoff (Hrsg.), *Handbook of International Economics, Vol. III*, Amsterdam, 1395-1455.

[11] **Brander, J.A.** und **Spencer, B.J.** (1985): „Export Subsidies and International Market Share Rivalry“, *Journal of International Economics 18*, 83-100.

[12] **Buchholz, W**. und **Haslbeck C.** (1998): „Überwindung von Kooperationsproblemen durch Präferenzänderungen?“, *Schriften des Vereins für Socialpolitik 228/IV*, 149-172.

[13] **Buchholz, W., Haupt, A.** und **Peters, W.** (2001): „Strategic Voting and the Inefficiency of International Environmental Agreements“, *EUV-discussion paper*, European University Viadrina, Frankfurt (Oder), Germany.

[14] **Buchholz, W.** und **Wiegard, W.** (1998): „Zeit(in)konsistente Steuerpolitik" in: Schriften des Vereins für Sozialpolitik, Gesellschaft für Wirtschafts- und Sozialwissenschaften, Neue Folge 259/I, Probleme der Besteuerung I, Berlin.

[15] **BMU - Bundesministerium für Umwelt, Naturschutz und Reaktorsicherheit** (2001a): „*Ergebnisse der Bonner Klimakonferenz*", BMU - Pressedienst, Berlin.

[16] **BMU - Bundesministerium für Umwelt, Naturschutz und Reaktorsicherheit** (2001b): „*Fortsetzung der 6. Vertragsstaatenkonferenz der Klimarahmenkonvention vom 18. bis 27. Juli 2001 in Bonn*", Art.-Nr.:2137, Berlin.

[17] **Bulow, J.I., Geanakoplops, J.D.** und **Klemperer** (1985): „Multimarket Oligopoly: Strategic Substitutes and Complements", *Journal of Political Economy, 93(3),* 488-511.

[18] **Conrad, K.** und **Veall, M.R.** (1991): „A Test for Strategic Excess Capacity", *Empirical Economics 16,* 433-445.

[19] **Conrad, K.** (1993): „Taxes and Subsidies for Pollution-Intensive Industries as Trade Policy", *Journal of Environmental Economics and Management 25,* 121-135.

[20] **Conrad, K.** (1996a): „Optimal environmental policy for oligopolistic industries under intra-industry trade", in: Carraro C., Katsoulacos Y. und Xepapadeas A. (Hrsg.): *Environmental Policy and Market Strukture,* 65-83, Kluwer Academic Publishers, Niederlande.

[21] **Conrad, K.** (1996b): „Choosing emission taxes under imternational price competition", in: Carraro C., Katsoulacos Y. und Xepapadeas A. (Hrsg.): *Environmental Policy and Market Strukture,* 85-98, Kluwer Academic Publishers, Niederlande.

[22] **De Mooij, R.A.** (2000): „Environmental Taxation and the Double Dividend", Elsevier Science B.V., Amsterdam.

[23] **Deneckere, R.** (1983): „Duopoly Supergames with Product Differentiation", *Economic Letters, Vol.11,* 37-42.

[24] **Dixit, A.** (1984): „International Trade policy for Oligopolistic Industries", *Economic Journal Conference Papers 94,* 1-16.

[25] **Eaton, J.** und **Grossman, G.** (1986): „Optimal Trade and Industrial Policy under Oligopoly", *Quarterly Journal of Economics,* 383-406.

[26] **Ebert, U.** (1991): „Pigouvian Tax and Market Structure: The case of Oli-

gopoly and Different Abatement Technologies", *Finanzarchiv N.F.49,* 154-166.

[27] **Esty, D.C.** (1994): „Greening the Gatt", Institute for International Economics, Washington, DC.

[28] **Fershtman, C., Judd, K.L.** und **Kalai,E.** (1991): „Observable Contracts: Strategic Delegation and Cooperation", *International Economic Review, Vol.32(3),* 551-559.

[29] **Goldberg, P.K.** (1995): „Strategic Export Promotion in the Absence of Government Precommitment", *International Economic Review 36,* 407-426.

[30] **Goulder, L.H.** (1995): *„Environmental Taxation and the 'Double Dividend': A Reader's Guide",* International Tax and Public Finance 2(2), 157-183.

[31] **Haupt, A.** (2000a): „Environmental Policy and Innovations in Open Economies", European University Viadrina, Discussion Paper 159, Frankfurt (Oder).

[32] **Haupt, A.** (2000b): „Environmental Product Standards, International Trade and Monopolistic Competition", *International Tax and Public Finance 7,* 585-608.

[33] **Haupt, A.** (2001): „The International Dimension of Environmental Policy - Innovations, Trade and Negotiations", Dissertation an der Europa Universität Viadrina, Frankfurt(Oder).

[34] **Hoel, M.** (1997): „Environmental policy with endogenous plant locations", *Scandinavian Journal of Economics, vol.99(2),* 241-259.

[35] **Inada, K.I.** (1963): „On a two-sector model of economic growth: Comments and a generalization", *Review of Economic Studies 30,* 119-127.

[36] **Janeba, E.** (1997): „Bidding for investment in a Politically Risky World", discussion paper Indiana University, Bloomington.

[37] **Janeba, E.** (2000): „Tax competition when Governments Lack Commitment. Excess Capacity as a Countervailing Threat", *American Economic Review 90(5),* 1508-1519.

[38] **Janeba, E.** und **Peters, W.** (2000): „Implikationen des kommunalen Finanzausgleichs" in: Burda, M.C., Seitz, H. und Wagner, G. (Hrsg.): Europäischer und nationaler Fiskalföderalismus, *Beihefte der Konjunkturpolitik, Zeitschrift für angewandte Wirtschaftsforschung, Applied Economics Quarterly, Heft 50,* 35-53.

[39] **Jeppesen, T.** und **Andersen, P.** (1998): „Commitment and fairness in en-

vironmental games", in: Hanely N. und Folmer H. (Hrsg.), Game Theory and the Environment, Edward Elgar, Cheltenham, 65-83.

[40] **Krugman, P.R.** (1979): „Increasing Returns, Monopolistic Competition, and International Trade", *Journal of International Economics 9*, 469-479.

[41] **Krugman, P.R.** (1980): „Scale Economies, Product Differentiation and the Pattern of Trade", *American Economic Review 70(5)*, 950-959.

[42] **Lee, D. R.** und **Misiolek, W. S.** (1986): „Substituting Pollution Taxation for General Taxation: Some Implications for Efficiency in Pollution Taxation", *Journal of Environmental Economics and Management 13*, 338-347.

[43] **Menzel, Ch.** (1999): „Do green policies waste resources?", European University Viadrina Discussion Paper 145, Frankfurt(Oder).

[44] **Menzel, Ch.** (2001a): „Can delegation in environmental policy reduce inefficiency?", European University Viadrina, Discussion Paper, Frankfurt (Oder).

[45] **Menzel, Ch.** (2001b): „Ökologische Steuerreform und die Double-Dividend-Hypothese", Skript zur Vorlesung, Europa Universität Viadrina, Frankfurt(Oder).

[46] **Menzel, Ch.** und **Peters, W.** (2000): „Even Greens do not vote Green", European University Viadrina, Discussion Paper, Frankfurt(Oder).

[47] **Menzel, Ch.** und **Peters, W.** (2001): „Umweltauflagen", in: Schulz, W.F. et. al. (Hrsg), Lexikon nachhaltiges Wirtschaften, München, 403-408.

[48] **Motta, M.** und **Thisse, J.-F.**, (1994): „Does environmental dumping lead to delocation?", *European Economic Review 38*, 563-576.

[49] **OECD** (1997): „Umweltsteuern und Ökologische Steuerreform", Paris.

[50] **OECD** (1999): „National Climate policies and the Kyoto Protocol", Paris.

[51] **Petrakis, E.** und **Xepapadeas, A.** (1999): „Does government precommitment promote environmental innovation?" in Petrakis, E., Sartzetakis, E.S. und Xepapadeas, A. (Hrsg.), *Environmental Regulation and Market Power*, Cheltenham, Northampton (Mass.), 145-161.

[52] **Rao, P.K.** (2000): „The World Trade Organization and the Environment", Macmillan Press Ltd, London.

[53] **Sachs, J.D.** und **Larrain B. F.** (1993): „Macroeconomics in The Global Economy", Prentice-Haall Inc., New Jersey.

[54] **Schelling, T.C.** (1956): „An Essay on Bargaining", *The American Economic Review*, Volume 46(3), 281-306.

[55] **Schelling, T.C.** (1960): „The strategy of conflict", Oxford University Press.

[56] **Schöb, R.** (1995): „Zur Bedeutung des Ökosteueraufkommens: Die Double-Dividend-Hypothese", *Zeitschrift für Wirtschafts-und Sozialwissenschaften 115*, 93-117.

[57] **Singh, N.** und **Vives, X.**, (1984): „Price and quantity competition in a differentiated duopoly", *Rand Journal of economics*, vol.15(4), 546-554.

[58] **Shubik, M.** (1980): „Market Structure and Bahavior", Harvard University Press, Cambridge.

[59] **Spence, M.** (1977): „Entry, Capacity, Investment and Oligopolistig Pricing", *Bell Journal of Economics 8*, 534-544.

[60] **Spencer, B.J.** und **Brander J.A.** (1983): „International R&D rivalry and industrial strategy", *Review of Economic Studies 50*, 707-722.

[61] **Uimonen, P.** und **Whalley, J.** (1997): „Environmental Issues in the New World Trading System", Macmillan Press Ltd, London.

[62] **UNFCCC** (2002): „Kyoto Protocol, Status of Ratification", UNFCCC, Bonn.

[63] **Wenders, T.** (1971): „Collusion and Entry", *Journal of Political Economy 79*, 1258-1277.

[64] **WTO** (1999): „Trade and the environment", special studies 4, WTO Publications, Lausanne.

## Curriculum Vitae - Christian Menzel

Beruflicher Werdegang:

| | |
|---|---|
| Seit 10.01 | Referent beim Ministerium der Finanzen des Landes Brandenburg |

Akademische Position:

| | |
|---|---|
| 01.98 – 10.01 | Wissenschaftlicher Mitarbeiter bei Prof. Dr. Wolfgang Peters am Lehrstuhl für Volkswirtschaftslehre, insbes. Finanzwissenschaft und Umweltökonomie, an der Europa-Universität Viadrina in Frankfurt (Oder) |

Studium:

| | |
|---|---|
| 10.90 – 12.97 | Studium der Mathematik und der Volkswirtschaftslehre an der Universität Regensburg - Abschluss: Diplom-Volkswirt |
| 10.93 – 08.94 | Studium der Sciences Économiques (Volkswirtschaftslehre) an der Université Montesquieu Bordeaux IV, Frankreich |

Schulbesuch:

| | |
|---|---|
| 09.80 –06.89 | Albrecht-Altdorfer-Gymnasium in Regensburg - Abschluss: Allgemeines Abitur |
| 09.76 –07.80 | Grundschule „Am Napoleonstein" in Regensburg |

Persönliche Daten:

| | |
|---|---|
| Geburtstag: | 01.03.1970 |
| Geburtsort: | Regensburg |

FSC
www.fsc.org
MIX
Papier | Fördert
gute Waldnutzung
FSC® C083411

Kolibri 360 GmbH
Ferdinand-Jühlke-Straße 7
99095 Erfurt, Deutschland
produktsicherheit@kolibri360.de

Druck:
CPI Druckdienstleistungen GmbH
im Auftrag der
Kolibri 360 GmbH
Ferdinand-Jühlke-Str. 7
99095 Erfurt